歴史文化ライブラリー

172

鬼の復権

萩原秀三郎

吉川弘文館

原則として、初版で掲載した口絵は割愛しております。

目次

鬼の原像を求めて——プロローグ

泣く鬼

鎌倉初期の説話集『宇治拾遺物語《うじしゅういものがたり》』に「日蔵《にちぞう》上人が吉野山で鬼に会った話」（巻一一ノ一〇）が載っている。

上人が吉野山で修行しているとき、身の丈《たけ》七尺ばかりの青鬼に出会った。その鬼、どうすることもできない弱りきった様子でしきりと泣くばかり。「これはなにごとする鬼ぞ」と問うと、われは四、五百年も前の者であるが、恨みを残して死んだために鬼の身となった。恨みの元凶《げんきょう》の敵《かたき》は、思のごとくにとり殺し、子、孫、ひこ、やしゃ子と四代にわたってとり殺した。今は殺すべき者もいないけれど、「されば、なほかれらが生まれかはりまかる後までも知りて、とり殺さんと思候《おもひさぶらふ》に、つぎつぎの生れ所、露もしらねば、取殺すべきやうなし」。にもかかわらずわが身の恨みの炎は、つきもせず燃え、無量億劫《むりようおくごう》の苦を受けつづけている。あらかじめこうなると知っていたならばかかる恨みは残さなかったものを、といって限りなく涙を流して泣き、山の奥へと消えた。

この説話から、鬼の一半は間違いなく、恨みを残して死んだ人間であること、こうした人間は鬼となって人里離れた山中の異界を永久にさまよい、あの世へ行くこともできないということがわかる。裏を返せば、あの世こそが死霊《しれい》の安息の世界であること、また恨みを残さず生命を全《まっと》うして安らかに死を迎えた人間は、いつかはこの世へとヨミガエリ、生まれかわり死にかわりして、人間としての命を円環《えんかん》させることができる、と読み取れるのではなかろうか。

吉野山に出現した鬼は、もとは人間であり、鬼の身で生きねばならぬわが身がせつなく、よよと泣く人間味あふれる鬼である。同じ異界に出没する妖怪変化《ようかいへんげ》とは、はっきりと一線を画す存在である。とはいえ、どこまでも魔界に身を置くしか詮方《せんかた》ない鬼である。詳しくはあとにゆずるが、死んだ人間があの世へ行くのは当たり前と思えるが、恨みを残して死んだ夭折《ようせつ》者は子孫という祀り手もなくあの世への境界を越えることが許されない。あの世は死後の世界であり、その意味で、この世とは決定的にちがう清浄な世界である。この世の空間的な広がりの果ては、あの世の空間に部分的に重なるが、天寿を全うし子孫という祀り手を得てやがて祖霊となる者のみが境界を越えることができる。あの世は冥界《めいかい》で目に見えないが、この世は顕界《けんかい》で目に見える世界である。

吉野山の鬼は、現世の異界である山に出現した、目に見える鬼である。一般に鬼といえば、こちらの鬼を指す。しかし、目にみえる鬼だけが鬼ではない。天寿を全うして亡くなり、つまり隠れて、あの世の鬼籍《きせき》に安住し祖霊となる鬼こそ実は真正の最大多数の鬼なのである。カミが目に見えないように、隠れて見えないのが鬼の本来であることを、少しずつ、わたしは本書で解き明かしていかなければならない。ちょうど、目に見えないカミが、仏像に影響されて神像が生まれたように、隠れた鬼も姿を現したとわたしは考えている。

鬼の本郷

狂言の「せつぶん」（大蔵虎寛本・岩波文庫『能狂言・中』）に出てくる鬼は、裏手のせど門から家に入ろうとして柊《ひいらぎ》で目を突き、それでも案内を乞う。ところが家人には、シテ方《かた》の鬼が見えない。「（シテ）是はいかな事。鼻のさきにゐる某《それがし》が見へぬさうな。ハアそれそれ、身共《みども》が此隠れ笠、かくれ蓑《みの》を着ているに依て、夫《それ》ゆえ見へぬ物《もの》で有《あろ》う。さらば是を脱いで案内を乞う」。家人の女が戸を開けてびっくり。鬼も肝をつぶし、一の松（橋がかりにある松）へ逃げて「（シテ）イヤ是々、そなたは何がおそろしいぞ。(女) 何が恐ろしいといふて、そちが恐ろしい。(シテ) 何じゃ、身共がおそろしい。(女) 中々《なか》。(シテ) 某はまた外に何ぞおそろしいものが有るかとおもふて、共々能肝《よい》を潰いた。是は蓬萊《ほうらい》の島の鬼といふて、さのみ恐しい物でもこわい物でもおりない」。とどのつまり、女にほれた鬼は、宝の隠れ蓑、隠れ笠、打出《うちで》の小槌《こづち》を女にだましとられ、豆を打たれて逃げていく。

数多く伝承する隠れ蓑笠の伝説は、目に見えるものを見えなくする話である。しかし、鬼はもともと目には見えないとする視点にたてば、逆に、隠れ蓑笠は、見えないものを見えるものにする呪具《じゅぐ》といえる。本書が示すヤマドッサンを例にとれば、蓑笠は見えないカミを招《まね》くための招《お》ぎ代《しろ》であり、蓑笠が神を象徴する。カミの側からいえば、カミが憑《よ》り坐《ま》す目印であり、依《よ》り代《しろ》である。鬼は闇を好み、夜明けとともにあわただしく去る。鬼の本郷《ほんごう》(ふるさと)が見えない他界であれば、見える顕界に出現するためには隠れ蓑隠れ笠を持参する必要がある。ホトケやカミが天蓋《てんがい》や笠の下に顕現するのと同じ理屈である。

祀られる鬼面

民間に現存する古い面の中で、全国的に分布しているのは鬼面《きめん》である。ご神体のように祀《まつ》られている鬼面は、魔を払い悪疫《あくえき》を駆除する力強い善鬼である。鬼面が雨乞いに使用されている例も全国に広がっている。福井県鯖江《さばえ》市太加志波神社の鬼面も、修正会《しゅしょうえ》の追儺《ついな》として使用されていたが、人々から雨乞面として敬われていた。

鬼は文献や記録の上では、支配者や権力を持つ人たちの側から描かれたものが多く、そこでは権力や支配力を代弁するかのような恐ろしげなものが圧倒的に多い。ところが地方や、民間の被支配者の側の鬼は、相貌《そうぼう》は恐ろしくとも神に似た威厳を感じさせたり、親しみに満ちてとぼけた味があったり、悪鬼ではなく、幸せをもたらす鬼になっている。鬼の造形は確かに支配者側がまず先に生み出したかもしれない。しかし目にみえない鬼の原像は、民間の信仰や民俗を基盤に、先行して生まれているとみるべきではなかろうか。

隠れる鬼

隠れんぼうという遊びがある。両手で目隠しをした鬼が隠れた子を探し、見つけられた子が、次の鬼になる。隠れることが基調となっている鬼の遊びである。西行法師（一一一八—九〇）は『山家集《さんかしゅう》』『聞書集《ききがきしゅう》』で「むかしせしかくれあそびになりなばや」と、片隅に身を寄せ合って鬼の目を避けた「隠れ遊び」のように身を隠したいと歌っている。

隠れんぼうは遊びの中で声を立てることはできないが、同じ鬼遊びでも鬼ごっこの方は、鬼を激昂《げきこう》させる手段として歌をうたいながら遊ぶ。〽鬼の来るまで　洗濯でもしやしょ　ざぶざぶざぶ、などと歌う。あるいは目隠しをした鬼に〽

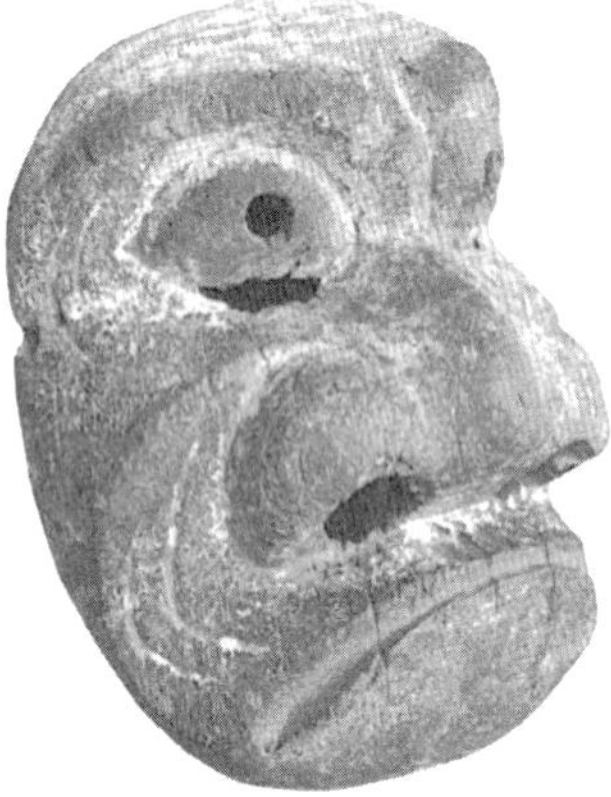

図１　神楽面（鹿児島県横川町安良神社所蔵）

図２　追儺面（大阪市杉本教育福祉財団所蔵）

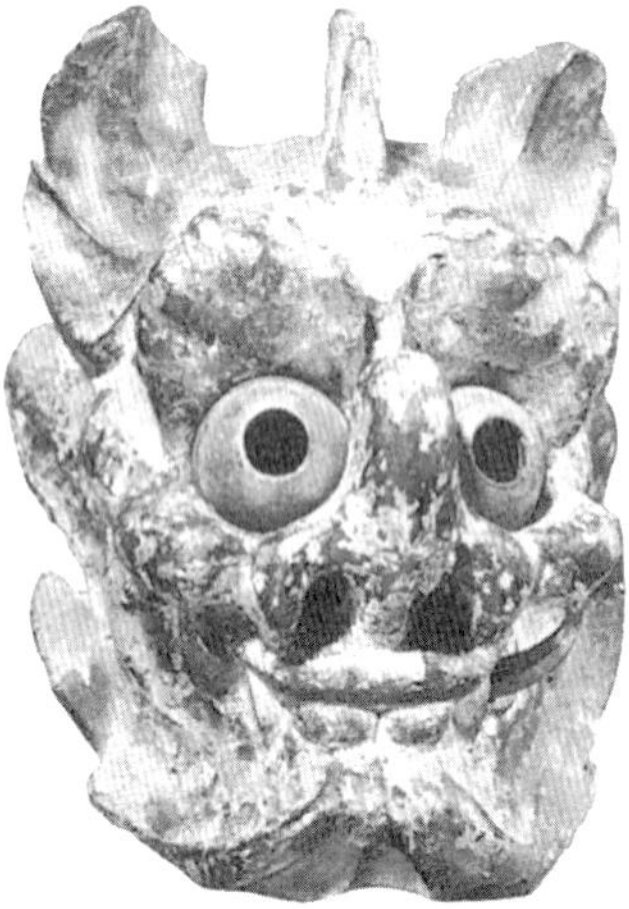

図３　追儺面（鯖江市加多志波神社所蔵）子鬼面，銘に「蓮華寺修正」の文字が見える

図4　鬼面（福井県南条町鵜甘神社所蔵）

図5　鬼面（都城市郡元町白拍子稲荷神社所蔵）

図6　鬼面（大阪市杉本福祉教育財団所蔵）

鬼さん、鬼さん手の鳴る方へ、と囃《はや》しつつ、からかう。

隠れんぼうも、鬼ごっこも、社寺の鬼追い行事に起源が求められる「鬼事《おにごと》」の一種といえる。鬼ごっこは鬼事の訛《なま》った言葉で、コトは神事のコトである。かごめ・かごめという文句で屈《かが》み、顔を両手でおおわせて「うしろの正面だアれ」と、その子の名を当てさせる遊びなども、地蔵遊びと同様に、鬼事と無関係とはいえない。いずれも、大人の神事の投影が、ここにはある。

日本精神史の基点

さらに本書では、鬼事にひそむさまざまな疑問に挑むにとどまらず従来の既成の〝鬼〟という概念を一度叩きこわして、鬼以前のタマにまで遡源《そげん》させて鬼の立ち上がりを洗い直すこととした。日本人が死者を心をこめて埋葬していたことは、縄文時代にはじまる。縄文中期には巨木を建てるだけの組織力をもつ社会が成熟し、良きリーダーであった長老の死は〝死の尊厳〟を人びとに教えたにちがいない。死霊＝霊魂＝タマが、オニとカミの未分化な存在としてあり、オニやカミが死霊から立ち上がってくる日本精神史の基点をそこに見出すことができるだろう。今日、考古学・歴史学の分野で、縄文の遺跡・遺物から精神文化を掘り起こす作業が試みられている。もともと見えない精神文化を伝承としてとらえる民俗学が、その作業に加わらないのは迂闊《うかつ》に過ぎる。

鬼出現の方位

本書が一貫してこだわり筋を通した視点は、死霊の住処《すみか》、つまり他界とは何かということと、死霊やタマの去来方位についてである。結果として、方位については西北、つまり戌亥《いぬい》＝乾《いぬい》が圧倒し、陰陽道《おんみようどう》が災厄《さいやく》の侵入する方角とした「鬼門《きもん》」＝東北を「鬼門」以前の戌亥が凌駕《りようが》することをつきとめた。日本の鬼伝説を広めた陰陽道によると、八卦《はつけ》で大凶とされる「艮《ごん》」にあたる十二支の丑寅《うしとら》が「鬼門」に配される。鬼が角をもつのは丑・寅の牛の角、鬼が虎の皮の褌《ふんどし》をしめるのは丑・寅の虎からきているという。近ごろの「異界」ばやりは目に見える鬼のみを追求し、「他界」や他界を本地とする鬼や、鬼の出現の方位である「戌亥」を軽んじる傾向を生んでいるといえよう。

追儺の鬼

中国の儺（鬼やらい）

死霊が鬼

日本の仏教寺院で鬼が暗躍するのは、修正月会、修二月会という年はじめの法会《ほうえ》の締めくくりの部分である。修正月会も修二月会も略して修正会《しゅしょうえ》、修二会《しゅにえ》というが、二月の節分の鬼を含めて、行われる時期が季節の節目《ふしめ》であることが重要である。つまり、季節の変わり目にあたって、災難や邪、悪霊を祓《はら》い、福を招くことが最大の目的である。

仏教寺院では、鬼は当然邪悪そのものの地獄の鬼である。鬼は追儺《ついな》行事の儺（災《わざわ》い）そのものとして追われる立場にある。日本の追儺行事は、中国の追儺行事を取り入れて誕生したことは、歴史的に明らかである。しかし、中国では鬼は悪霊である邪鬼《じゃき》とは限らない。

恐ろしい形はしていても力強い鬼神が登場し、邪鬼を祓い、人びとを守護するのである。中国で鬼神の登場する仮面劇を儺戯《なぎ》という。中国の民衆の間に広く伝承する儺戯は、悪霊を逐《お》い、福を招く芸能である。演劇化された儺戯には一つの祖型がある。周代の官制を記した『周礼《しゅらい》』には、方相氏《ほうそうし》とよぶ黄金の四つ目をもつ恐ろしい鬼神が登場する。鬼神は儺神であり、祓う対象は悪霊、つまり邪鬼である。鬼が鬼を祓うのである。仏教行事の追儺の概念からいえば、鬼が鬼を祓うのではわけがわからなくなる。

中国では仏教に取り込まれる以前の鬼が、今日でも健在である。鬼とは何か。

鬼の原義について、

人ノ帰スルトコロヲ鬼トナス（『説文解字《せつもんかいじ》』）

人ノ死スル、ミナ鬼トイフ（『礼記《らいき》』）

之《これ》（鬼）ヲ視《み》レドモ形無シ（『淮南子《えなんじ》』）

とあって死霊《しれい》はみな鬼なのである。ただし、古代においても、伝統的な民俗社会においても、死霊には二通りの死霊があり、とどのつまり鬼にも二通りの鬼があるのである。

まず、天寿を全《まっと》うして亡くなった正常死者である。子孫により手厚い供養を受けて、祖《そ》霊《れい》として他界に送られる。一方、非業《ひごう》の死を遂げて凶魂《まがたま》となる異常死者がある。多くは未婚のため子孫という祀《まつ》り手もなく供養もうけていない。お産で亡くなった人もある。川で溺死《できし》した人もある。想いをこの世に残し、あの世に旅立てないさまよえる死霊である。

正常死者は祖霊《それい》であり、鬼神《きしん》となるが、異常死者は悪鬼となる。追儺とは、鬼神が悪鬼を祓うのである。鬼は本来「之ヲ視レドモ形無シ」で、見えないものである。鬼神も悪鬼もともに見えないのが本来であるが、せめて悪鬼を逐《お》う鬼神は、見えるものとして出現しなければ儀礼は成り立ちにくい。

面具で現す

見えない祖霊や死者の魂が憑依《ひょうい》した面具を「魌頭《きとう》」といった。䫏、倛、娸、魌はすべて鬼やらいにかぶる鬼面のことで、これらはみな「其」に従い、竹製の籠を意味する。魌字とされる甲骨文字や金文をみると「」「」など目の多い籠を思わせる器物をかぶった人であることがわかる。『周礼』夏官、方相氏《ほうそうし》の項では「熊皮を冒《かうむ》る者は、以て疫癘《はやりやまひ》の鬼を驚かせて敺《う》つなり。今の魌頭《きとう》の如きなり」とあり、また「大喪先匶、墓に及び、壙《くわ》（墓穴）に入る。戈《くわ》を以て四隅を撃ち、方良《はうりやう》を敺《う》つ」とある。

方良というのは、死人の脳を食う怪物で、罔両《もうりょう》ともいわれている。戦国早期の曾侯乙《そうこういつ》墓《ぼ》（湖北省随州市）の内棺の側面に双戈戟《そうかげき》をとる奇怪な二〇体の群像が描かれている。『周礼』の戈を以て方良を敺《う》つとする方相氏と方相氏に従う神獣が、内棺のこれらの異形像であるとも考えられている。いずれにしろ、これらの群像は双戈戟を手に使者を襲う怪物・悪霊を敺《う》ち、死者を守護しているのである（図7）。方相氏が熊皮をかむり、黄金の四つの目を持つ姿に想定されるのは方相氏自身も獣神であったからである。さらに死者である祖霊自身、当初、獣神であった可能性がある（白川静『漢字の世界』I）。カミの原像はオニと紛《まが》うものだったのである。

図7　曾候乙墓，内棺の側面（中国湖北省博物館所蔵）

唐代の儺

儺《な》（儺追い）、つまり鬼追《やら》いの歴史はきわめて古い。もともと儺は一年に一度と限るものではなかったが、唐代には、官民ともに、大晦日の儺が定着した。中村喬の『続・中国の年中行事』には、中国の儺の変遷過程がわかりやすく記述されている。

中国の儺の儀式が日本に入ってきた

が、最も強い影響を与えたのは、唐代の儺であろう。唐代の宮中の儺は大儺と呼ばれ大晦日に行われた。これはほぼ後漢の制が受け継がれたもので、次のような法式である。

中心になるのは方相氏で、四つ目の黄金の目を持つ仮面をつけ、頭から熊の皮をかぶり、玄《くろ》の衣・朱の裳《はかま》をつけ、戈《ほこ》と盾《たて》を持つ。次に十二獣が従う。甲作《こうさく》・胇胃《ふつい》ほかの十二神獣で、羽を角《つの》のように立てた仮面をつけている。また、十歳から十二歳までの子供、百二十人を侲子《しんし》（善童の意）とし、みな赤いずきんをかぶり、黒い衣をつけ、太鼓を持つ。まず、十二獣をして悪凶を追わせ、ついで方相氏と十二獣が舞い、みながときの声をあげながらあまねくめぐり、疫鬼を追い出した。

こうした宮中の儺は周代よりつづいてきたが、宋代になると方相氏・十二獣が廃され、神鬼が用いられる。

民間の儺

宮中の儺を大儺《たいな》、あるいは国儺《こくな》というが、これに対して民間の儺を郷儺《ごうな》といい、郷村において郷人共同の行事として行われた。『荊楚歳時記《けいそさいじき》』（六世紀）には胡公頭なるかぶり型の仮面をつけた鬼神による儺がみえる。また『秦中《しんちゅう》歳時記』（唐末の陝西省地方の例）では「歳除（大晦日）の日の儺には、みな鬼神に扮《ふん》する。その中に二老人がいて、これを儺翁・儺母と名づける」とある。

十世紀の北宋になると儺祭は、国儺・郷儺ともに変化し、演劇的要素の濃い戯劇――儺戯として成熟し、中心となった巫師《ふし》たちは道教の方術をとりわけ重視し、自己の巫術・法力を見せつける方向に傾いていった。

母胎は隹（とり）

さて、見えざる鬼を祓う儺文化のさらなる母胎とはなにか。まず、白川静の『字通』によると、儺は難と同字で、旧字は難につくり、菓《かん》＋隹《すい》（鳥）であるという。『説文解字』には「難（難）、鳥也」とし「菓声」としている。ここでは菓は鳥の声と解くようだ。いずれにしろ、なぜ難は鳥なのであろう。

儺文化は巫による豊作祈願の呪術《じゆじゆつ》として出発しているが、中国の農耕文化には雑穀の畑作と稲作がある。北方がアワを主とする旱《かん》作農業としてはじまり、南方はイネ一辺倒の水田農業にはじまっている。近ごろは長江中流域の稲作開始を一万四〇〇〇年以前に置く考え方も示されている。この水稲耕作文化は稲の豊穣に欠かせない太陽を呼び出す鳥霊崇拝と、天地創世の原古の植物であるチガヤの信仰を、その精神文化の二大骨格としている（拙著『稲と鳥と太陽の道』）。

鳥が媒介

鬼の儀礼は巫者による祭祀にその原点があり、鬼に限らず見えない神霊の祭祀は、神霊が憑《よ》り坐《ま》すための人か依《よ》り代《しろ》となる物を必要とする。神霊と人、神霊と物とを繋ぐ役割を果たすものとして、鳥霊はうってつけの動物霊といえる。鳥は自在に天空を飛び、季節や時間を告げるばかりか、何かを予告する。見えない世界と見える世界の橋渡しをするかのように、川をよぎり、水中にも没する。

一般に巫者はふつうの人とちがうので仮面をかぶる必要も、その例も少ないと考えられるが、ないこともない。稲畑耕一郎は中国の巫者の仮面について、長台関楚墓《ちょうだいかんそぼ》（戦国中期）の瑟《しつ》（大型の琴）に描かれた人物を「巫が鳥獣の仮面をつけ異形の神となって演じている姿であるかも知れない」とする（東京国立博物館『特別展曾侯乙墓』）。現行の民俗として、貴州省黔《けん》東南のミャオ族の巫者は、鳥装し鳥の仮面をつけるわけではないが、腕を翼のように広げ自身が鷹になって病気の子の魂を持ち去った鬼さがしをする。顔面には薄い黒布をたらしている。

殷《いん》の甲骨文では鳥の形である「隹《すい》」にさまざまな用法があり、隹は唯《い》ともしるした。「唯唯諾諾《いいだくだく》」の「ハイ、ハイ」と命に服するときの唯である。白川静は唯の傍にそえられているのは、口ではなく𠙵《さい》であり、神意を伺うために祈るのりとだという（『中国古代の民俗』）。

黒竜江省斉斉哈爾《チチハル》市にダフール族のシャーマンを訪ねたことがある。シャーマンの神衣の肩の左右には木製のカササギが止まっていて、儀礼のとき憑依《ひょうい》した神のメッセージを耳にささやいてくれるのだといった。ちなみに、中国東北部のツングース系シャーマンの基本は神霊がシャーマンに憑依する憑霊型である。

黒竜江省、内モンゴル、吉林省にシャーマニズム文化を訪ね歩いた折、強く感じたことは、いわゆる脱魂型（シャーマンの魂が抜け出て天界の神霊と交信するタイプ）がほとんどなかったことである。わたしは、中国東北部のシャーマニズム文化は、起源を江南に置くと考えている（『神樹』）。

儺公・儺婆

さて、鳥霊信仰を通して儺文化の母胎を南にさぐっていくと、儺神《なしん》に男女一対の鬼神として儺公・儺婆の存在に突き当たる。唐代の儺神が男女一対の鬼神であったことはわかるが、儺神に名は知られない。貴州省のミャオ族およびトウチャ族の伝承では、始祖とする兄妹神である伏羲《ふっき》・女媧《じょか》を奉じ、儺公《なこう》・儺婆《なば》としている。

湖南省新晃侗族自治県貢渓郷天井寨のトン族の儺戯は、トン語で行われるもので、漢語は使わない。天井寨は、いわゆる〝武陵桃源〟の地にあって、祖先を武陵堂にまつり、明代からほぼ五〇〇年にわたり代々世襲でうけついできたという。稲の刈り入れ後のほか、雨乞いや虫送りの儀礼として行われている。儺神としての姜良《きょうりょう》と姜妹《きょうまい》は洪水で生き残った神であり、兄妹神が始祖となるさまを演じる。

疫鬼を祓う儺神に、はるか古代の神話上の始祖神を当てたのは、追儺の初発の段階からであろう。ふつう郷儺のような地方の民間の事例は記録に残らない。しかし民俗例にこそ、より古層の文化が伝承されているものなのである。

儺と来訪神

『漢書《かんじょ》』地理誌には、楚の風俗として楚人は巫や鬼を信じ、過度に祭祀を重んじると記されている（「信巫鬼、重淫祀」）。現在、四川省平武県白馬郷のチベット族に鬼祓いが伝承されているが、高山茂によると、曹盖《そうがい》という異相の面をつけたものが大鬼としてあらわれ、十二相（獅子、牛、竜、豹、虎、蛇、鶏ほか）の背に大豆やトウモロコシを投げつけて、これを駆逐する。大鬼は羊の毛皮を身にまとっている。民間の儺儀礼としての来訪神はいずれも村の正月の季節祭に出現する。

湖南省のトウチャ族にはマオグスという来訪神がある。毛むくじゃらの祖先という意味で、その装いはチガヤまたは稲ワラである。貴州省西北部の裸戛《らか》村のイ族のツォトンジは四人の仮面仮装者と、仮面をつけない山の老人一人が登場、四人は農耕を示し、その後、家々をめぐってカヤ葺きの屋根の四隅からカヤを抜き、村はずれでカヤを燃やして、災厄は去ったと叫ぶ。

貴州省黔東南から広西チワン族自治区の大苗山に移住したミャオ族の村に、来訪神の儀礼を訪ねたことがある。マンガオという異装の来訪神で、安陲郷一帯の正月にあらわれる。ミャオ族にとっての正月は稲の刈入れ後の季節祭である。ところでマンガオとは、古い古いという意味で祖先神のことである。仮面をつけ霊草で荘厳し、家族としてあらわれ、田仕事や魚捕りの仕草をし、男性役は男根を村の女性につけて子孫繁栄を願う。

図8　大苗山のマンガオ

マンガオ役は、むしろ病弱な人が扮し、本人の厄除けともする。手足に鍋墨《なべずみ》をつけるが、これも厄除けの意味がある。どの地域の来訪神も正月に出現するが、モウコウと呼ぶ来訪神は元日にあらわれる。モウコウとは村の神様の意だというが、想像上の獅子の姿で登場する。人によっては、トラだともサルだともいう。病人が出たり、牛やブタが病気にかかったようなところでは、「シー、シー」と声を上げ、太鼓をたたいて悪を祓う。これは安泰郷培地村の場合だが、白竹村のモンコウは初四（正月四日）か初六に出現する。衣装は村の家々から集めたボロで、村の災厄の一切を身につけて川が大きく瀞《とろ》になったあたりへ向けて追放する。

　儺はもともと巫俗であり、鬼神を信じることの厚い南方の少数民族文化を基層にすえていた。やがて東方の殷や中原の周に取り入れられ、後代には唐の宮廷行事「大儺」に至る。そして演劇化をたどったものは仮面劇である儺戯として今日に伝承されたのである。

日本の追儺

大儺・追儺・大祓

中国（唐代）の宮廷行事の「大儺《たいな》」を模して、わが国の宮廷でも追《つい》儺《な》がはじめられた。その最古の記録は『続日本紀《しょくにほんぎ》』慶雲三年（七〇六）の是年条に「是年。天下諸国疫疾。百姓多死。始作土牛大儺」の記事であるとされる。つぎの記録は、『三代実録』貞観十二年（八七〇）十二月条で「大祓於朱雀門前。幷追儺如常」とあり、神道の大祓《おおはらえ》の折に「追儺」を行ったといい、「大祓」と「追儺」が併記され、大儺に代って追儺の文字がみえる。

大祓は人々に付着した罪・穢《けがれ》・災《わざわい》などを除いて清浄にする儀式で、国家の行った大祓の確実な最古の事例は、天武五年（六七六）八月の『日本書紀』の記録である。常例のものとしては、六月と十二月晦日のものがあり、朱雀門前で、百官を集めて、中臣《なかとみ》氏が大祓《おおはらえ》詞《のことば》をのべ、卜部《うらべ》氏が祓を行った。この大祓は平安中期以降は形骸化したが、民間の大祓は今日に及んでいる。中臣の大祓詞は、大祓に中臣氏が唱える祝詞《のりと》で、天孫降臨以来の由緒を説き、一切の罪、穢を清めることを記す。宮中の大祓が応仁の乱後には途絶えたのに対して、大祓詞は中世以降、民間にも流布した。

「大祓」は中国から流入した「大儺」に目的が重なるため、庇《ひさし》を貸して母屋《おもや》を取られる形で衰退したが、この時期、日本的仏教の成立が始まっており、それが神祇信仰におよぼした影響ははかりしれない。

「追儺」の文字をはじめて記した『三大実録』から一〇四年後の『かげろふの日記』（藤原道綱の母の日記、九七四年以後に成立）には、「おにやらひ」「儺やらふ」の表記があるが、追われる鬼の可視化はまだ起こらない。大人も童も、鬼遣らいに「儺やらふとさわぎののしるを、我のみのどかにてみきけば、ことしも、心ちよげならん」と、さわぎののしる言葉のみの表現で視覚化された鬼の記述はない（中村茂子「追儺・修正会結願の鬼行事　その地方的受容と展開」）。「鬼やらふ」とは鬼を追う声——儺声《だせい》のことである。

方相氏と振子

『延喜式《えんぎしき》』「大舎人寮《おおとねりのつかさ》」(延長五年〔九二七〕)には、四つ目の黄金仮面をつけた方相氏と親王以下の殿上人が桃の弓と杖、葦の矢で宮城四門(東陽明《ようめい》門、南朱雀《すざく》門、西殷富《いんぷ》門、北達智《たつち》門)の外へと儺を追ったと記されている。『中右記《ちゅうゆうき》』(嘉承二年〔一一〇七〕)でも陰陽寮《おんみょうりょう》で十二月三十日に同様の追儺が行われた記録がある。侲子《はらはえ》、上卿《じょうぎょう》、宰相《さいしょう》以下および陰陽師《おんみょうじ》などが桃の弓と杖、葦の矢を取り、方相氏が儺声をあげて戈《ほこ》で楯を三度打ち、目には見えない悪鬼を門外に追い出した。このとき京中の家々でも同じように悪鬼を追い払う声が遠くまでひびいたという。後世の節分にも似ている。

ところが、天永二年〔一一一一〕ごろに書かれた『江家次第《ごうけしだい》』の「追儺」の記事では、方相氏が侲子をつれて参入、方相氏が儺声を上げるところまでは同じだが、その後、方相氏が滝口戸より出ると、殿上人が長橋内で方相氏を射た、と記す。目に見えない鬼を追うはずの方相氏が殿上人に桃枝弓、葦矢で射られるとは。これは方相氏の仮面が恐ろしいので、逆に疫鬼として追われる行事に変化したとされる。しかし、『江家次第』の簡単な記事(「殿上人於二長橋内一射二方相一」)から、この変化を決定づけることに疑問を投げかける向きもある。

いずれにしろ宮中儀礼としての貴族の追儺に変わり、平安時代後期に盛んになりはじめた寺院の修正会《しゅしょうえ》、修二会《しゅにえ》の結願《けちがん》の追儺に見える鬼がはじめて登場する。鎌倉時代の『明月記《めいげつき》』（承元元年〔一二〇七〕正月十五日条）には、参詣者である貴族が鬼を打ったとの記述がみえる。朝廷での儀礼を支えた貴族社会は武家社会へと変化し、追儺の場も寺院へと移行した。

姿を見せた鬼

日本の神祇信仰は、きわめて現実的現世利益《げんぜりやく》的である。しかし、ここに現世否定、出世間《しゅっせけん》主義の仏教が幅をきかせてきて、来世の地獄を見せ、地獄の鬼を唱導劇の主役とした。仏教文化は目に見えないカミを祀るヤシロに大社造《たいしゃづく》りだの神明造《しんめいづく》りだのと神社建築の様式を誕生させ、見えないはずのカミの神像彫刻をも生み出した。一方、目に見えないはずの鬼も姿をみせはじめる。

年はじめの民俗

こうして、仏教文化の革命的な影響の下に寺院の追儺ははじまったが、修正会、修二会という法会《ほうえ》の時期については、年はじめという季節の変り目であったことを忘れるべきではない。この正月という折り目が、むしろ法会の本質を決定し支えていたといえる。仏教の法会といえども、伝承的民俗文化である〝正月〟を無視しえない。それどころか、修正会、修二会を借りて、基層文化として底流であるはずの〝民俗〟がマグマを噴出させていた。その重要な事例の一つが後述する〝餅〟である。仏教文化と正月、ましてや餅とは縁もゆかりもなかろう。あるいはまた、神霊の出現にともなう〝音〟と正月の関係である。

音は、〝訪なひ〟という言葉が、音を立てる動作をする〝音なひ〟を原義（『岩波古語辞典』）とするように、歌舞伎の幽霊の出現のドロドロを俗な例として、神霊の出現には欠かせない効果音となる。見えない神霊の出現をうながし、あるいは人びとが実感するには音に頼るしかなかったからである。カミナリ様も音を連れてくる。

正月は旧《ふる》くケガレた一年という時間のつごもりから明けて、アラタマの清々しい時間に更新される、いわば現世の時間の裂け目である。正月さま（年神《としがみ》）にかぎらず、招かれざる客（夭折した者）を含めて、さまざまな神霊があの世や異界から出現する時間帯にあたっている。そのため、やたらと音を連れた神霊がドヤドヤと訪れてくる。狂った世界、混沌の世界にこそ神はやってくる。〝訪れ〟が〝音連れ〟の意であることは、古語辞典の力を借りずとも想像はつく。ここで、修正会、修二会にともなう儺声《だ》・儺音について触れておこう。

儺声・儺音

『説文解字《せつもんかいじ》』に儺《だ》・䰢《だ》は「鬼を見て驚く詞なり」とあるのは、むしろ「鬼を見て驚くよりも、鬼を驚かせるかけ声であろう」と白川静はいう。奈良県五条市念仏寺修正会の「陀々《だだ》堂鬼走り」なども、語源は擬声語にもとづくものであろう。桜井市長谷寺の修二会の鬼の行事は、陀々押《だだお》しの名もある。東大寺二月堂の修二会には、大松明《おおたいまつ》を持った火天と灑水器《しゃすいき》と散杖《さんじょう》を持った水天が、足音高く拍子を合わせて大松明を繰出す達陀《だったん》の妙法がある。達陀は、地団駄《じだんだ》を踏むなど足で地を強く踏みならすことからきていようが、むろん陀々《だだ》と音を出すことと関係する。儺声・儺音も神霊の出現を促したのが本来であろう。

修正会・修二会は、それぞれの本尊により、薬師悔過《けか》、吉祥悔過、観音悔過が厳修される。悔過というのは、仏の前ですべての罪、たんに個人だけでなく国家や社会の犯したあらゆる罪や過ちを懺悔すると同時に、それらの人びとの除病延命を祈る作法である。考えてみると、それぞれの本尊に、縁日という特別な祭り日はあっても、ホトケは寺に常住し、あまり動かない。ところがカミは本来、祭りのとき臨時に来訪する。

臨時に訪れるカミを迎えるときは〝乱声《らんじょう》〟といって一種の騒音が必要となる。奈良の春日若宮の御祭では、宵宮《よみや》に神が来臨するが、静寂な闇をついて、鋭い乱声の笛の音が空をよぎる。乱声は一定の旋律の笛の音を少しずつずらして奏する。闇の空間を攪拌《かくはん》している のである。仏教の諸尊の来迎はあくまでも妙《たえ》なる音色につつまれている。この音楽の違いは、日本音楽は騒音に寛容といい、中世の能の囃しはその代表格である。

鏡餅と鬼

『勘仲記《かんちゅうき》』正応二年（一二八九）正月十八日条は、蓮華王院修正会について記載する。結願行事の中で、呪法として、竜天、毘沙門天《びしゃもん》につづいて、鬼三匹があらわれ、鉾《ほこ》を持った竜天が鬼を追い、鬼は仏前に供えられた餅を取って退いた、とある。

現在、近畿地方のオコナイの中心となるのは鏡餅《かがみもち》づくりで、寺のものをテラオコナイ、神社のものをミヤオコナイまたはジンジ（神事）と呼んで区別しているが、同じものである。オコナイは行事の意味で、修正会・修二会とも、内容を同じくするものが多い。

これを、すべて中央の大寺院の創造になる正月の法会の地方への伝播《でんぱ》、変容ととらえるべきではない。中央で創造したかに思われる文化の中にも民俗的基層文化が含まれている。餅そのものは、ハレの日のたべものとして基層文化の所産である。先に述べた東大寺の本格的呪師《ずし》芸の一つである達陀の妙法を一つとっても、陀々《だだ》の音といい、さまざまな民俗的要素が流入していて、中央による表層文化の純然たる創造とはいい切れまい。

図９　餅割り鬼（長田神社，追儺式）

国東《くにさき》半島の鬼会《おによ》で使った鬼の日、鬼しずめの餅、走りぞえの餅などは、親類縁者にまで配られこぞって食べる。これは、二十日正月《はつかしょうがつ》や十一日正月《じゅういちにちしょうがつ》に行われた正月の鏡開きの餅に通じる意図がある。正月の神へのお供えの鏡餅を割って、御供《ごく》を分割していただけば、神との相嘗《あいな》めが果たされ、幸いを享受できるのである。鏡餅の一側面は太陽を意味した。天道念仏では太陽と称する鏡餅をオタナに飾る福島県白河市関辺の例がある。

日月の餅

神戸市長田町の長田神社の追儺式では、餅割り鬼の鏡餅割りがクライマックスである。平安時代から伝承されているとされ、明治以前は神仏混交の神社で、境内薬師堂の修正会として旧正月十六日に行われた。現在は節分に行う。鬼役は神社神殿裏の戌亥（西北）の隅にある鬼室（窓のない土蔵）から七匹、次々に出てくる。鬼役の上から餅割鬼と相方《あいかた》の尻くじり鬼とが大役とされ、舞い方も熟練を要する。餅割鬼は左手に斧《おの》、右手に松明《たいまつ》、尻くじり鬼は鉾《ほこ》を左手に抱え、右手に松明をかざす。反閉《へんばい》を踏みつつ桟敷《さじき》舞台をすすみ、まず餅割鬼が日月《じつげつ》の餅という左右の柱に下げた大鏡餅を斧を両手で振り上げて割ろうとする。ついで、鬼の餅という六段重ね二並びの直径三〇センチほどの鏡餅を割る仕草をする。鬼の餅、一二個は一二ヵ月を意味する。尻くじり鬼は餅割鬼の尻に位置し、餅割鬼と背中合わせに舞ったりする。日月の餅や一年をあらわす鬼の餅を割るのは、旧い時間を割って、新生した時間に入れかえる意味であろう。

儺負人

つぎに、中国からの「大儺」伝来以前の「大祓《おおはらえ》」につながる例をあげる。大祓は諸国の国造《くにのみやつこ》・郡司らも行ったが、これは不定期のものに限られていた。『日本書紀』第二十九（天武天皇下・十年七月―九月）の秋七月の丁酉《ひのとのとりのひ》（三十日）に、「天下《あめした》に令《のりごと》して、悉《ことごとく》に大解除《おほはらへ》せしむ。此の時に当りて、国造《くにのみやつこたち》等、各《おのおの》祓柱《はらへつもの》奴婢《やつこ》一口《ひとり》を出《いだ》して解除《はらへ》す」とある。祓柱《はらえつもの》＝奴婢《やつこ》とは、祓えやられる儺そのものを奴婢に肩代わりさせた、いわば儺負人《なおい》である。

　愛知県稲沢市の国府宮《こうのみや》は尾張大国霊大神《おわりおおくにたまのおおかみ》、すなわち尾張の国魂（国霊）を祀る。大和、武蔵その他にも古くあった国魂信仰にもとづく社で、おそらく尾張一国の中心として国分寺の法会とも合流したと思われる儺負神事を伝承している。この神社では追儺とはいわず、古典的に儺おい（追＝負）といっている。

旧正月十一日に宮司が儺負餅をつくる。餅の中へ、去年投げられたつぶて（桃と柳の枝を三㌢ほどに切って麻でむすんだもの）を焼いて灰にしたものを入れる。ツチモチ（土餅）という。儺追いと餅とのきわめて古い関係が、ここに示されている。十二日夜、境内の司宮神社（古代の官庁に祀られた司宮神《しやぐじ》の名残り）を庁舎西北隅の神棚に遷座《せんざ》し、国内諸神を勧請《かんじよう》。十三日は午後三時ごろ、厄除け祈願の裸の男たちが儺負人を少しでも触ろうと、もみ合いになる。この人にさわれば厄が落ちると信じられているからである。十四日、午前三時ごろから、儺負人は茅で作った人形をつけたツチモチを負って庁舎を六周する。六周目のとき、神官はじめ参加者がつぶてを儺負人にぶつける。つぶてに追われた儺負人は境内の外へ逃げながら途中でツチモチをすてる。神官があとでそこへツチモチを埋める。

儺負人は四十二歳または二十五歳の厄男が志願するが、古くは神社より一里以内の忌《い》み垣の外で、武士・僧侶・女子・子供以外はだれでも捕らえた。この儺負人にツチモチを負わせて倒れるところまで人びとは抜刀して追いたてたという（『日本の民俗』二三・愛知、萩原龍夫『祭り風土記・上』）。儺負人は古いタイプの、仮面をつけない追われる鬼である。

「追儺」は、鬼が見えても見えなくとも目的は同じなのだが、「鬼やらい」といえば可視化され仮面をかぶった鬼のイメージが先行する。民俗学や歴史学の研究も見える鬼に傾きがちであり、日本文化そのものが造形表現を得手としていたこともある。

国東の鬼会

国東《くにさき》半島の天念寺（大分県豊後高田市）、成仏寺と岩戸寺（同国東郡国東町）の修正鬼会《おにえ》は、中央の諸大寺で平安時代に盛行していた修正会が、鎌倉時代初期にこの地へ流入普及していたことをうかがわせる。豊後高田市富貴寺には久安三年（一一四七）と墨銘《ぼくめい》のある鈴鬼《すずおに》の面がある。この銘によれば平安時代末にはすでに行われていたことになる。現行の国東鬼会で出現する鬼は、最後に院主に鎮められるが、諸役や参詣人たちによって追われる形式ではない。しめくくりの鬼後呪《きごじゅ》という呪法は、修正会の供物である霊力ある餅を鬼の口にくわえさせる行法で、その餅を鬼鎮めの餅という。国東で出現する鬼が、災祓鬼《さいはらいおに》として、地域の災いを祓う力強い鬼であり、手にした松明で参詣人の尻をたたき加持す

図10　参詣人を加持する災祓鬼（大分県国東成仏寺）

ることで一年の無事息災を約したり、家々を一軒ずつ巡り仏前で祈禱し馳走を受け歓待される。

国東の鬼会の鬼が、中央の修正会の、いわゆる追われる鬼が伝播したとすれば、長期にわたる伝承が鬼の変容をさそい、やがて幸いを授ける鬼として新生したとすべきだろうか。否、それは逆でむしろ、もともとあった〝災祓〟の深い基層文化の土壌に、新しく鬼の様式や呪法、芸態といった表層文化が中央からかぶさった、つまり季節の分かれ目に訪れる祖霊＝鬼の本質が中央に刺激されて形を借りてよみがえったと見る方が、実際に近い。追われる鬼は鬼の一半である夭折した者の霊に過ぎない。

鬼の杖と宝物

カギ引きとシメ引き

カギ引きと山年神

正月の民俗行事の中で、伊勢の北西部から伊賀にかけて行われるものに、「カギ引き」神事がある。年頭にあたって、世界中の宝を数えあげ、村へ引き寄せてしまうというほほえましくも欲の皮の張った行事である。鎮守社の境内、多くは山の神のところで行う。「カギ」とは木の枝から鉤《かぎ》状に伐り取ったものを、山の神の樹木や小祠に張ったシメ縄にかけて、音頭取りにあわせて唱和しながら引くのである。

謹《つつしんで》　請《こう》再《さい》拝《はい》々々《さいはい》敬《うや》まって白《もう》す

天下泰平五穀豊穣、年の初めのかぎ引き

月の数は十二月、日の数は三百六十五日なり
早稲《わせ》や中稲《なかて》は一斗二升搗《づ》き
籾《もみ》・粟《あわ》・黍《きび》・稗《ひえ》・胡麻《ごま》・菜種《なたね》は万石

（中略）

東の国の銭《ぜに》や金《かね》
西の国の糸や錦
南の国の桶《おけ》や櫃《ひつ》
北の国の鍋《なべ》や釜《かま》
そのほか世界の宝物
ばんとう舟にて積みのぼせ
三重県阿山郡東柘植《つげ》領分へと引きおさめる

（萩原龍夫『祭り風土記㊦』より）

といったもので、これは、宝を舟に乗せて引き収める「翁《おきな》の宝数え」（後出）と実によく似た内容である。祝詞《のりと》が、神前において申し上げる人間の

図11　山の神祭のカギ引き（滋賀県土山町青土）

図12　ヤマドッサン（兵庫県北淡町舟木）

願望であるとすれば、宝数えは、呪《まじな》いに発したまことに素朴な祝詞といえよう。

柳《やなぎ》田《た》国《くに》男《お》の『こども風土記』に「木の枝の力」という一節がある。鍬《くわ》や炉《ろ》の上の自在鉤《じざいかぎ》など、天然に備わった物を用いようとすれば木の枝より以上に丈夫なものはなく、昔の人は、つとに木の枝の強い力を認めていたとして、多くの例をあげている。オシラサマという木の神なども、写実的な形になったのはそう古いことではなく、以前は木の頭に目鼻口だけを描き、カギボトケといった。鉤状の小枝で鉤占いをしたり、ネンガラの鉤遊びなどの例も紹介している。諏訪の御射《みさ》山の祭りでは、モミジの枝の岐《また》のところを切って鍬に見立て参詣者に配っている。淡路島の有名なヤマドッサンは、オモテノマの柱に立てかけた鍬に、このヤマドッサンは憑《よ》りついている。

近江、伊賀あたりでは、山の神の祭日といえば一月九日が多い。淡路島では、山の神と正月の年神が習合したヤマドッサン（山年神）が、村里に接近する裏山の山の神の石塔あたりから目には見えない姿でやってくるという。当日の夜、ヤマドッサンが訪れるというので、家々ではオモテノマの雨戸を少し開けておく。オモテノマの柱には鍬を立てかけ、これに蓑笠《みのかさ》をつけて、供物《くもつ》を供《そな》える。ヤマドッサンは農耕の豊穣を約してくれる。

カギ引き神事といい、ヤマドッサンといい、山そのものを異界とし、里の

山の豊穣

豊穣は山から引き降ろされるという構図が読み取れる。近世以前、米を換金して物を買うことができるようになるまでは、山が豊穣の源泉であることは、村人たちの日常生活が山（サトヤマとかハヤマなどと呼ばれた）への依存なしに成り立たなかったことからもわかる。薪炭《しんたん》や家を建てるときの用材、牛馬の飼料、緑肥、堆肥の採取地として、また水田の用水の供給源として、山ほど大きな役割を果たす自然はなかったのである。

山には木地師《きじし》・鋳物師《いもじ》といった日用雑貨、農具を供給する民が住んでいるばかりでなく、金銀の鉱脈を掘り当てる山師から、端山《はやま》の奥の奥山《おくやま》には、天狗、鬼、山姥《やまんば》、山人の類が棲《す》み、そこは異界と呼ぶにふさわしかった。

山は物質的な効用性が指摘されるばかりでなく、雲の湧き立つ山は、精神的にも仰ぎ見るものであった。祖先の霊はハヤマに鎮まって、そこでは永久の生活が営まれている。生

まれ来る子は、祖霊の世界から送り出され、死すれば山に帰るという永遠の循環を繰り返している。山の生命は人の生命の源泉でもある。山越えした阿弥陀《あみだ》に導かれて、他界へ旅立った中世の庶民の心情としても、他界は思いのほか近く、子孫の祖霊祭にはちょくちょく顔を見せていたと考えて間違いなかろう。

須弥山の大宝を引く

あるいはまた、天上に日月を仰ぐとき、地上に山岳を配する構図が生まれる。飛鳥時代の玉虫厨子《たまむしのずし》台座絵には須弥山《しゅみせん》に日月が輝いて、日中には三本足の烏《からす》が、月中には兎とヒキガエルが描かれている。山は人びとの精神生活の中枢を占め、日神・月神の住む高天原《たかまがはら》への橋がかりともなる。神話では天なる世界を根源の世界とし、日神をその主と仰ぐ。しかし、民間の伝承にもとづく民俗世界では、天と地とは山や海の彼方を媒介として深くつながり、天体も全体としてひとつの世界に形成される。太陽も日々大空を運行し、円環し、人びとの暮らしになくてはならない恵みを与えつづける。

いまも各地に残るお日待《ひま》ちという太陽崇拝は、太陽が冬至や日蝕といったある時にかぎって祭られるものではないことを示している。

神楽の構成をみると、日本人のこうした世界観・宇宙観が如実《にょじつ》にあらわれている。九州の神楽には鬼神が多く登場するが、病気平癒《へいゆ》など願いが成就《じょうじゅ》した場合や大祭の際に、屋外に外注連《じめ》とも高天原ともいう「大宝《たいほう》」を立て鬼神が引く例が、南九州の各地にある。

宮崎県椎葉《しいば》村の嶽之枝尾《たけのえだお》神楽《かぐら》の注連引き鬼神の大宝も、願成就のある場合に立てるのが本来であったが、現在は神楽保存のため毎年行っている。高天原は左右両側の六本ずつ計十二本の青竹の注連を中心に、日月をかたどる円盤や赤シデで荘厳《そうごん》される。鬼神が一二本の紅白の布を後腰で面棒と合わせ持って高天原を力強く引く。

注連引けば今ぞ高天が原よただ
集まり給へよよろづよの神

と注連引き鬼神歌がうたわれる。鬼神は太鼓の囃子《はやし》につれて右に左に腰を沈めて動く。村人たちも「ヨイヤサッサ、ヨイサッサ」と囃す。鬼神が天空より諸神をいざない、願成就の喜びがあふれるのである（口絵参照）。

鬼神が引く大宝とは、何か。さらにさぐってみよう。民俗芸能学者の渡辺伸夫によると、大宝の初見は『上井覚兼日記《うわいかつけんにっき》』天正三年（一五七五）四月二日条で、やはり立願成就の標《しる》しとして、神舞《かんめ》（神楽）に大宝を一本立てたとある。

鹿児島県祁答院《けどういん》町の藺牟田《いむた》神舞では、昭和のはじめごろまで行われていた記録がのこっ

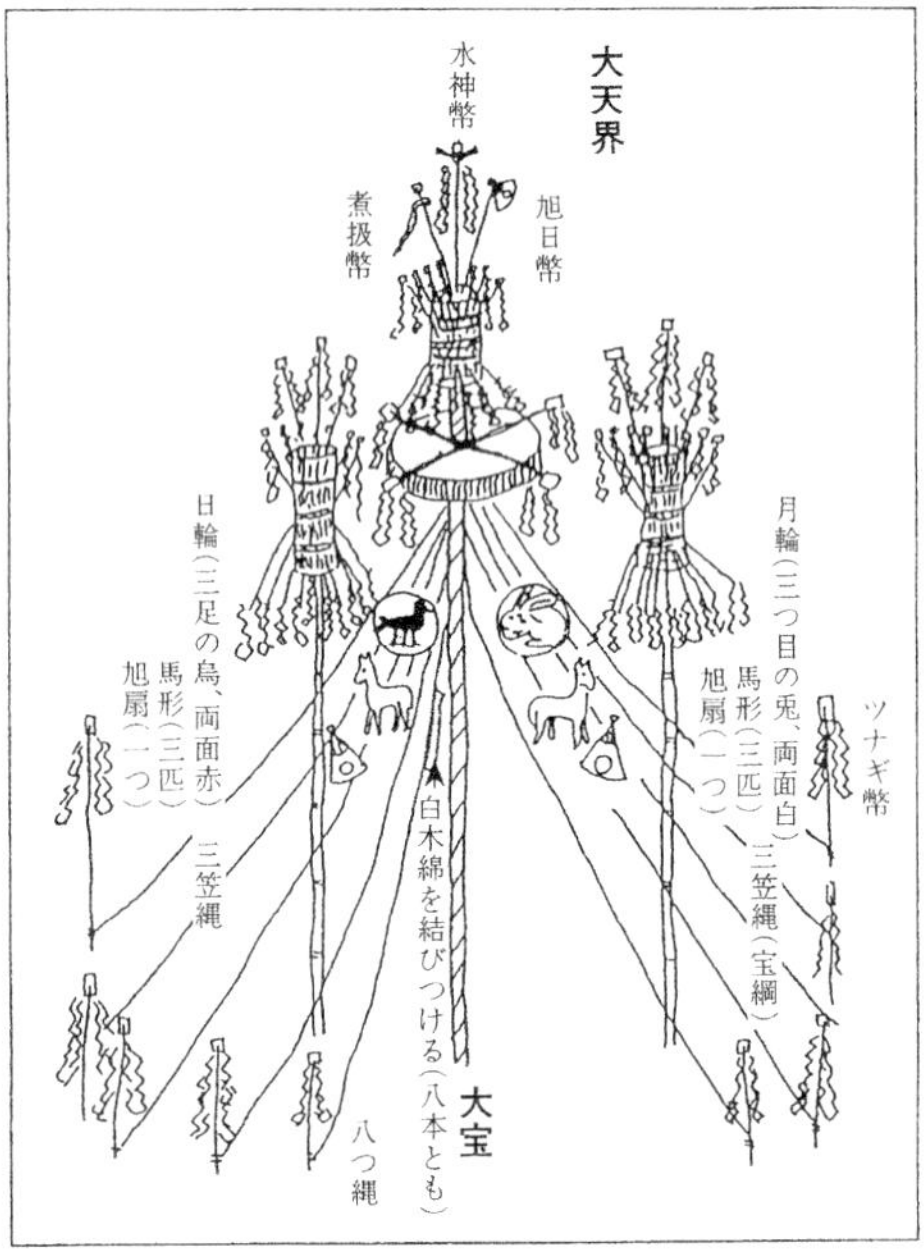

図13　大宝の図（牧山望作図，『藺牟田神舞』所収）

ている（牧山望『藺牟田神舞』）。図13は、その大宝を示したもので、中央のやや高い柱が大天界で、左右にも小天界を一本ずつつける。大天界の日輪に三足の烏を吊るし、月輪に三つ目の兎を吊るしている。

　藺牟田神舞に伝承されている大宝についての祭文によると、「大宝といっぱ須弥の四州をまなびたり……」の書き出しで、須弥山の左のたもとより小金の三足の烏となった日が上り、右のたもとよりは三つ目の兎となった月が上り、昼夜を分けて東より上って世界を照らした。須弥山の四州は、当然東方のみならず、西方、南方、北方とあり、鬼神の役割は中央にあって四方四神を呼び出す。たとえば「西方に立給う神は如何なる物の変化にて座《いま》すぞ。とうとう名乗り候え」と問う。そして、東は薬師如来《やくしにょらい》の浄土、西は阿弥《あみ》陀如来《だにょらい》の浄土、南は観音の浄土、北は釈迦毘沙門《しゃかびしゃもん》の浄土と名乗り、鬼神みずからは「四方四神は此《かく》の如し、我中央のかんまん大聖《だいしょう》不動明王とはわが事なり」と名乗る。ここには修験道的世界をまじえた神仏混交の世界観が示されている。

弓将軍と創世神話

南九州の神楽の世界では、こうして舞処《まいと》に一つの世界を装置として創出している。こうした南九州の神楽の世界観は天地創世神話にもとづく。実は二〇番なり三〇番なりで構成される神楽の重要な位置を与えられているものに「将軍」という曲があり、これまた創世神話として注目に値する。

わが国の天地創世神楽では、記紀の天の岩屋神話に題材をとった「岩戸」が親しまれているが、実際はこの曲目は近世以前には遡《さかのぼ》れない。「将軍」は宮崎、鹿児島だけでなく、山口から広島にかけての神楽で行われているが、それも後から重きをなした「岩戸」や「五行《ごぎょう》」に押され衰退ぎみである。「将軍」は「弓将軍」とも「弓舞」ともいわれ、弓矢を採り物とする神楽の起源に関わる重要な舞である。一般には「将軍」は弓による悪魔祓《ばら》いの祈禱の舞と結論づけられ、陰陽道的解釈も加えられているが、根はさらに深いのである。

将軍舞の資料として、万治元年（一六五八）の年紀をもつ鹿児島県でも最も古い神楽資料を含むものが、薩摩郡入来《いりき》町大宮神社の宮司・是枝《これえだ》家に所蔵されている。つぎに渡辺伸夫の翻刻した祭文《さいもん》集から現代風に書き改めて抄録させていただく。天大将軍、中大将軍、地大将軍のいわれが記されているうち、天大将軍の本地についてこんなふうに記す。

ユ井万国というところに広大な岩屋があり、岩屋の中の池に金剛力士が岳という名の島があり、島には三千世界に影を落とす釈千段トキマサシカ木という木が生えているという。その木のいちばん上の枝には太陽が羽根を休めて止まっており、つぎの枝には月が羽根を休め、その下の枝には星が休んでいる。その木の根方ではお宮を造って、岩根の大将軍として祀っている。（中略）昔は太陽が七つ、月も七つあったという。ところがスイという名の鬼が来て、太陽を六つ、月も六つ、呑み込んでしまった。もし残された太陽と月を呑み込んでしまったら、日本は常夜《とこよ》の国になってしまう。そこで、五つの剣を五方に投げたところ鬼の首を打つことができた。太陽や月を呑み込んだ巨大な鬼の死体から、両眼を取り、片眼を正月の奉射《ぶしゃ》の的とし、片眼を鏡とした。そのほか面《つら》の皮以下、体の部分からは万物が化生《けしょう》した。

この祭文から読み取れることは、中国の天地創世神話の中の巨人盤古《ばんこ》の死体化生モチーフおよび、弓の名人羿《げい》が九つの太陽を射落とす射日神話によるものであることは明らかである。弓の名人・羿は弓将軍であり、太陽を射る英雄である。

太陽を射る

盤古神話では、天地創世のとき、何物も存在せず濛々《もうもう》としているとき、まず天と地が現れ、陰陽に感じて盤古という巨人を生んだ。盤古が死ぬと、その体がいろいろなものに化して、万物が生まれ、左の目は太陽となり、右の目は月となったという。

また、射日神話によると、昔は、太陽が一〇個あり、東の果ての巨木で三足烏として羽根を休めており、毎日一羽ずつ太陽として樹上から飛び立っていた。あるとき、一〇個の太陽が一度に空を駆けめぐった。大地の草木は、みるみる焼け焦げ大変なことになった。弓の名手・羿が太陽の中にいる烏を九羽まで射落とし、地上の人々は焼死を免れた。

ところで、射日神話には必ずこのつづきがある。射落とされずに残った一個の太陽は恐ろしさのあまり岩屋に隠れてしまう。太陽を失った人びとはさまざまな工夫で太陽を呼び戻そうとする。最後に雄鶏《おんどり》の鳴く美しい声に太陽がおびき出される。これを一般に招日《しょうじつ》神話というが、中国では射日神話の異伝が現在も少数民族間で伝承されている。百田弥栄《ももたやえ》子《こ》採集による一〇〇話のうち、単独で射日・招日を語るものはなく、射日・招日はセットであり、切り離して語るべきものではない。さらに、岩屋に隠れた太陽は冬至の太陽でも日蝕の太陽でもない。

わが国の岩戸神楽は、前段の太陽を射る話を神話としては欠くが、民間の伝承ではこの射日神話をむしろ多く伝えている。民族学者の岡正雄によると、熊本・岡山・奈良・埼玉・福島などに報告がある。宮城県の法印神楽《ほういんかぐら》の中にも江釣子《えつりこ》の「天王」という曲で牛頭《ごず》天王が「神通ノ弓ニ法便ノツルヲ掛」けて、八つの日を射落とす話が出てくる（本田安次『陸前浜の法印神楽』）。これに「弓将軍」や萩原法子採集の弓神事（『熊野の太陽信仰と三足の烏』）を加えることができる。こうした射日・招日神話にもとづく太陽説話は、石田英一郎が『桃太郎の母』で示したように、太平洋をとりまく広い分布を示している。

鬼神が引いた大宝は、このように広い分布を示す太陽信仰の文脈の中で位置づけて、はじめて解けるものである。大宝は須弥山《しゅみせん》であり、蓬萊山《ほうらいさん》であり、狂言「せつぶん」の鬼の本郷・蓬萊の島でもある。蓬萊の島は「宝島」でもあることからいえば、鬼が宝を所有しているのは当然ということが、本書を読み進めるうちにわかってくるであろう。

鬼の杖 山人の杖

豊穣の杖

先の入来神舞《いりきかんめ》の祭文《さいもん》の中に「杖之祭文」がある。鬼の持ちたる杖こそは「釈千段セン無量タウイウノ木」であるとする。タウイウノ木とは多羅葉《たらよう》の木（昔、鉄筆などでこの葉の裏に写経し、葉書の語源ともなった）のことで、この木を七尺五寸に切り、神の前に立てたのが御幣《ごへい》となり、仏の前に立てたのが幡之竿《はたのさお》とも名づけたるものになったのだと記している。これは、杖や棒状のものが神仏の依代《よりしろ》となることをいい得ている。この鬼の杖を異界である山からもたらす民俗を今に伝えるところがある。国東《くにさき》半島国見町小熊毛の〝山人《ヤマド》〟の神事がこれで、日吉神社のアキマツリに登場する。新嘗祭《にいなめさい》の色彩をもち、旧霜月《しもつき》初申の日を祭礼としていたが、今は十月三十日早朝から十一月一日となっている。

ヤマドは山手の山の神の小祠《しょうし》のところで、山の神の御衣《ミキン》（紙製）を着せ替えてから、椎《しい》の木を切って杖とし、山人面《ヤマドメン》（天狗）をマサキカズラに結んで肩にかけ、「ホー、ホー」という御先払《ミサキバライ》の声を発して村入りする。村人たちは山人からシトギをいただく。病気に

図14　山人の村入り（大分県国見町小熊毛）

図15　オタネワタシ（同上小熊毛，日吉神社）

ならないためという。翌日、種籾《たねもみ》を入れたオタネノスボ（スボは苞《つと》のこと）を中心に山人も加わった行列が社殿に入り、オタネワタシを行う。オタネワタシとは国東町富来《とみく》や国見町大熊毛の甘酒祭り（新嘗祭）でも行っているもので、ワラヅトに入れたその年の種籾をつぎの頭屋《とうや》に渡す行事である。日吉神社ではワラヅトをさらに割竹の中に入れている。

山人の杖とシトギとワラヅト（種籾）が象徴するものは、山の精である天狗面の山人が、豊穣の杖を手に山のみやげである「山づと」をたずさえて里を訪れるという図式である。

山訪ねと柴引き鬼神

椎葉《しいば》神楽には、山の精（主）を尋ねる山訪ねの「柴引《しばひ》き」の曲がある。鬼面の一人舞で、鬼が神前の太夫や御神屋《みこうや》の四隅にいる祝子《ほうりこ》（舞子ともいい神楽を舞う者）あるいは村人と柴（榊の枝）を引き合い、最後は奪い取るというもの。たとえば栂尾《とがのお》では、鬼神が面棒を杖のようにつき立て、こう歌う。

〽この山は精ある山か、精なき山か、精あらば、精なきすてて我山とせん

奥村神楽では、

〽この山は主ある山か、主なき山か、もし主なき山ならば、山守つけて我山にしょうず

渡辺伸夫によると、これらの歌は小異はあるが、いずれも山の精（主）を尋ねる歌になっていて、九州諸神楽の「柴引き」とは別に信州の諏訪神楽の中にもあり、

図16　禰宜と榊を引き合う榊鬼（愛知県東栄町古戸）

〽此山は主ある山かなき山か　山もりすえて　わが山にせん

と、慶長七年（一六〇二）の神楽本に記録されている。

愛知県奥三河の本御神楽の「生清《うまれきよ》まりの事、山立次第」（慶長本）でも、山の主を尋ねて、山の売買をすることがあり、古態は山の神が山巡りをして、山を占有することにあったのではないかと渡辺はいう。わたしはその下地に山野を支配する地霊から土地を譲り受ける、地もらいの作法があったと思う。

柴引き鬼神には来訪神としての面影があるが、スサノオも来訪神であり、『日本書紀』神代上の一書では、紀伊国の樹木神と結びつき、木《こ》種《だね》を播き植え紀州から大八洲に及んだといい、樹木の生成、豊穣のもたらし手であった。柴引き鬼神はスサノオのごとき、山や樹木を占有する山の神であると考えて間違いあるまい。春や秋の特定の日を山の神の木種播きの日として山に入るのを忌む風もある。柴引き鬼神系の曲目は、中国山地の西寄りやその周辺地域にもあって、「柴鬼神《しばきしん》」とか「荒平《あらひら》」の名で知られる。これらの曲目は、岡山、広島、島根、山口から、高知の「大蕃《だいばん》」や鹿児島の「柴荒神」にまで類曲として広がっている。

奥三河の本神楽は、花祭りとして北設楽郡《きたしたらぐん》内でも二〇ヵ所近くで行われてきた。榊鬼《さかきおに》という霊力ある鬼が出現し、榊を禰宜《ねぎ》と引き合う。柴引きは榊引きであり、いわば同系の鬼と見られている。榊は榊鬼が山からもたらすものと考えるのが自然かと思う。しかし実際は先に禰宜《ねぎ》が榊の小枝を手に榊鬼に近づき榊鬼の肩をたたき、問答となる。

鬼の位比べ

能楽でいえば、ワキ方にあたる禰宜が、主役であるシテ方の榊鬼にまず問う。この祭りの庭にやってきて、荒々しい振りをして舞い荒す汝は何者だと。榊鬼は愛宕山《あたごやま》の大天狗、比叡の山の小天狗、山々岳々を渡る悪霊・荒天狗だと答える。つぎに禰宜が汝は何万歳を経た者かとたずねる。榊鬼は威張って、八万歳経た者だと答え、逆に汝はと問う。禰宜は一二万歳を経た者だと答える。榊鬼は驚き「四万歳負けた」という。かくて、禰宜と榊鬼との榊引きとなり、榊鬼が榊を持った手をはなすと、禰宜は榊を神座に投げる。

続いて榊鬼は反閉《へんばい》に移る。カマドの前に新コモを敷き、足踏みの呪術的所作《しょさ》で、手にした鉞《まさかり》を杖に、拍子に合わせて足踏みをする。この反閇《へんばい》は家々で病人の悪魔祓いにも行われる呪力あるものである。榊鬼が位比《くらいくら》べに負け、榊鬼の榊が、先に禰宜の手にあるのは、本来ワキ方であるべき禰宜の位が時代を経て高くなり、逆に榊鬼の位が低くなったがためと考えられる。

能楽の「車僧」でも、シテである愛宕山の太郎坊天狗がワキの車僧に禅問答で負ける。榊鬼は、村人から鬼さまと呼ばれ、霊力ある力強い鬼とされている。カミが異形の形を取り、後に零落するのは、「方相氏《ほうそうし》」がそうであり、後述する「コトノカミ」はじめ類例は多い。このほか三河・信濃・遠江《とおとうみ》の接した天竜川流域の冬季の祭りには、榊や撞木《しゅもく》、杖を手にして山からことほぎにやってくるさまざまな鬼が出てくる。ここには注意深く探れば、いわゆる追儺型の追われる鬼が完全に覆いかぶさる以前の、山の精や山の神、山の死霊にもとづくオニの姿が下からひょいと顔をのぞかせていることに気づく。

長野県阿南町新野《にいの》の雪祭りでも、〝鬼さま〟と敬われる天狗が出てきて土地をことほぐが、禰宜との問答に負けて山へと帰っていく。人びとは「鬼さま、負けてお帰りだ」と囃す。ここでも本来、主役であったはずの鬼が、禰宜に加えて、後に神社に常住する神主も現れ、神主に連れて禰宜も位がともに上昇し、鬼との位が逆転を引き起こしたと想定できる。

山人のみやげ

この三・信・遠（三河・信濃・遠江国）の国境地帯の村々の行事にほぼ共通して現れる天狗は、山の神信仰を背景としたもので、鬼の姿で出現する。修験のもたらした印を鬼が結ぶこともあり、厳粛で神秘な空気につつまれる。山の神であれば見えざる神としていっそう神秘であったものの、具体的に天狗や鬼として姿を現せば、その時点で神としてはすでに零落をはじめているともいえるのである。

図17　撞木杖を手にした天公鬼は禰宜に問い咎められる（長野県下伊那郡坂部諏訪神社）

折口信夫《おりくちしのぶ》は早川幸太郎の『花祭』の「跋―一つの解説」で、冬期、山人が山の神に扮《ふん》して里に降り、鎮魂《たまふり》を行った。山人のみやげとして「山づと」を家々に配り、山人が持ってきた杖の一種が、オニギ（鬼木）で、年の暮・小正月の前夜に、家の入口、納屋の入口などに立てる薪である。この杖は、根のあるままのものを持ってきて地面に突き刺して行くこともあったとしている。新年の燃料を意味する同様の木を御竈木《おかまぎ》とかトシギ、サイギ（幸木）、セチギ（節木）といって各地にある習俗である。

『日本書紀』では、オホクニヌシが「国平けし時に杖《つ》けりし広矛《ひろほこ》」といい、葦原の中つ国を平定したときに、杖のようについた矛を献上しているが、鬼神がついた撞木や鉞《まさかり》も聖域を特定し占有する行為とみなされよう。杖は宇宙を特定し占有する宇宙樹でもある。柴引き鬼神の舞についても、神話における天児屋根命《あめのこやねのみこと》同様に、天香具山《あまのかぐやま》より榊を根こじにし、天の岩戸の口に突き挿して育てた様をあらわすと伝えるが、宇宙樹の要素がある。

擬似他界・白山

花祭りの「浄土入り」は行事の中心として白山《しらやま》と呼ばれる仮山《かりやま》を畑の中に作り、数年に一度、花祭りとは別に祭日を定めて数日かけて盛大に行ったものである。この白山の中は黄泉《よみ》の世界と見なされ、白装束に身をかためた立願者がこの白山に入ることを「浄土入り」と称した。入口にかかる経文の橋を渡ると、枕飯が用意されていて、立願者はこれを食べた。中には僧侶がいて人びとに引導をわたした。一方、舞戸では鬼、五、六十面が入れ代わり立ち代り舞いつれている。山見鬼が経文の橋掛かりで問答の末、山見物を理由に白山へ入り、舞を舞って引き揚げた。やがて獅子が南の口より北へ、東より西へと駆け抜け山を割ると、五色の鬼が白山に入り、人びとを救い出し舞戸の竈《かまど》の前へいざなう。再び白山まで引き返した鬼たちはまさかりで白山を打ち壊した。竈の前まで連れてこられた人たちは神楽太夫より笹の葉の湯たぶさで頭より釜の湯を振り掛けられて産湯をつかい、この世に生まれかわったとする。これを「生《う》まれ清《きよ》まり」といった。

図18　山見鬼が経文の橋に掛かる．復元の折は枕飯を橋の手前に置いた（白山行事）

以上が愛知県豊根村下黒川で伝承されてきた本《ほん》御神楽《みかぐら》（大神楽）の主要な部分で、安政三年（一八五六）十一月以後中絶していたものを、平成二年（一九九〇）十一月二十三日に復元された。白山行事が修験の徒によって潤色された擬似再生儀礼としても、この神楽は人の誕生から死ぬまでのことをつくったもの、つまり人の一生を現したものである。そこに湯立《ゆたて》の神事、田楽、猿楽やらを縦横に織り込んで戯曲化したと見るのが正しいであろう。

本御神楽の中心に「生まれ清まり」があり、確かに戯曲的にしくまれた神楽に相違ない。だが、渡辺伸夫が数多い事例で示したように、これは決して特定地域の特殊な信仰習俗ではない。その根底の思想は各地の祭り、年中行事に幅広くみられるものである（拙著『よみがえり』）。擬似再生儀礼そのものも、当然修験道に限ったものではない。むしろ修験道が民間信仰をうまく取り込んだと見ていい。

鬼の反閉

最後に榊鬼の反閉《へんばい》について触れておこう。反閉は足踏みの儀礼的所作であるが、それは大地の霊、地霊《ちれい》を祓い鎮められるべき悪霊ととらえるところから始まるのが一般である。とはいえ、本来は、地霊はおそれつつしみ慰撫《いぶ》するもので「山たずね」にしても、その儀礼の行われる地の地霊に対する表敬行為であったとみられる。白川静は「足が直接に地に触れるということが、地霊との交渉を可能にする。そして（地霊を称《たた》える――筆者注）そのことばが律動をもつように、足の動きも舞踊的になる。わが国では反閉とよばれる形式がそれにあたる」（『中国古代の民俗』）と道教以前の反閉の本意を記した。

能の三番叟《さんばそう》や山形県の黒川能の大地踏みは、明らかに大地に対する祝禱であり、地讃《じは》めである。奥三河の花祭の鬼たちの反閉も、地霊の鎮めではあっても、邪悪な霊を踏み鎮めるためのものだけではない。愛知県鳳来町黒沢田楽では、右足で邪悪を踏み、左足で踏みて興《おこ》せば「〽天には白金の花が咲き、地には黄金の実が成る」とし、静岡県天竜市懐山《ふところやま》のおこないでも、「〽鶴亀がどよどよの踏みならしたる村なれば、悪魔ぞ寄せじの富ぞ入ります。目出度さ」とうたう。

薩摩半島知覧《ちらん》町のソラヨイはふんどし姿の子どもたちが四股《しこ》を踏む動作で、「ソラヨイ、ソラヨイ」と声を掛け、作物のできることを祝う。愛媛県大三島の一人相撲は田の神をよろこばすものだが、地に鎮まる田の神を踏み興す意図があろう。白川静は『詩経』で使用される古代の「興」とは、地霊を呼び興すことであり、興舞は興《た》って舞うこと、つまり地霊を称《たた》え安らぎ鎮めることだといっている。地霊は豊穣をもたらすもので、本来は決して悪霊ではなかったのである（『中国古代の民俗』）。日本の民俗にはルーツを中国に置く例が多い。

宝と五穀は他界から

社会生活存続の危機

「生《う》まれ清《きよ》まり」とは、仮死状態から新生することをいう民俗語彙《ごい》（花祭の用語）で黄泉《よみ》から帰るヨミガエリの状態をさす語である。多くの神楽が、霜月《しもつき》に行われる霜月神楽であることの理由を、一年で最も太陽の力が弱まるゆえに、太陽の活性化をはかり、同時に魂を強化させるためとするのが従来の説である。「生まれ清まり」も、太陽の衰亡《すいぼう》と再生を意図するものと説明されている。確かに冬至を太陽の復活の日として、その祭りを行うことは世界の多くの民族に見られるが、中村喬は『中国の年中行事』の中で、中国では文献上にその痕跡はほとんど見られないといっている。

愛知県北設楽《したら》郡豊根村の大神楽は、七年目とか、一八年目、二〇年目、二五年目など不規則に神楽が開かれており、冬至とはまったく無関係である。それは、飢饉や疫病の流行、天変地異などにより、まわりの人びとが倒れていく危機的状況の中で、神仏にすがって生き延びることを立願し、九死に一生を得たとき、つぎの神楽に際して願果たきをするために行われている。

人間が危機的状況に追い込まれるのは、なによりも食料がつきたときである。食料がつきたときとは、稲の収穫の直前をいう。M・エリアーデは大部分の「単純文化社会」では、ときとして、数回の正月祭りの行われる例があるとする。これは時間の区切りが食料の貯蔵の更新を支配する儀礼によって決定されることを意味している。すなわちこの儀礼は、全体として社会生活の存続を保証するものなのである、と。

倭人も『魏志』によれば「春耕秋収」を以《も》って暦としていたので文字通りの〃生産暦〃である。日本の稲の原郷・中国江南のミャオ族の固有の正月とは、稲の刈り入れ後に迎えられる。正月は刈り入れの早い北部から始まり、刈り入れの遅い南部で終わる。

大嘗祭と暦

折口信夫《おりくちしのぶ》は「大嘗祭の本義」（『古代研究』）で、穀物の稔るときが一年の終わりで新嘗祭《にいなめさい》が行われ、歳の窮《きわま》った日の一夜の中に秋祭、冬祭、春祭が行われ、続いて初春の行事に接続したといっている。

処で、春というのは、吾々の生活を原始的な状態に戻さうとするときであつて、其には、除夜の晩から初春にかけて、原始的な信仰行事が繰返される事になつて居る。つまり、原始時代にあつたことを毎年、春に繰返すのである。古代の考へでは、暦も一年限りであつた。国の一番初めと、春は同一である。

つまり、新嘗祭こそが歳の窮った日であり、それはそのまま〝正月〟に密接し、正月とは原始の時間に立ち返って、一年限りの暦を捨て、更新されたアラタマの年になるということである。先に射日神話で、多数の太陽を射落とすことをいったが、これは混沌たる始原の世界に立ち返ることであり、ミャオ族はこの神話を正月に語るか、人間が危機的状態にあるとき、すなわち病人を前にして語る。

人間が生きているのは、ある種のエネルギー源であるタマシイを内に秘めているからでタマが飛び出して帰ることがなければ死し、体はエネルギー源を失い冷たくなる。エネルギー源を支えているのは食べ物であり稲である。稲が枯死《こし》するように、火や水や太陽も、畏敬《いけい》すべき自然であり生命力の源泉であるカミでありながら有限性が付加されていた。それらを更新させ、ヨミガエリを果たす仕掛けこそが祭りであり、正月であるのである。

それどころか、「時間」や人びとが営む社会の「秩序」ですら、長い時間にはやがてエネルギーが枯渇し、ケガレて死を迎えると考えられていたのである。折口のいうように、暦は一年限りであったとするのが正しく、国の一番始めと、正月とは同一である。

現代人は盆行事の折に死者のミタマが帰ってくるものと思っているが、伝統的民俗社会では、年末年始に死者の霊魂は帰ってくる。死者の霊魂が、あらゆるタマが「生き返る」この時期を見逃すはずがない。あの世に住む死者がこの世にすかさず進入する機会をねらうとすれば、時間の切り替えの時期、古い時間と新しい時間の交代の間隙《かんげき》を狙うのが上策というものであろう。

「宿借り」とは

それでなくとも死霊《しれい》は、この世の隙《すき》をうかがっているのである。葬送儀礼に「宿借り」という儀礼がある。たとえば長崎県対馬豆酘《つつ》村に事例がある。

喪主が葬送をすませて家に帰りつくと、座敷の上がり口で家人とつぎのようなやりとりをする。

「たのみましょう」

「どうけ」

図19　嶽之枝尾神楽の宿借り（宮崎県椎葉村）

「一夜の宿を貸して下さい」
「できません」
「浜の真砂に花が咲いても、二度と帰り足は踏みません」
「そんなら入れ」

という許しがあって、喪主は四本の木の台を越えながら後ろに蹴倒して座敷に上がる。葬送後、葬送に加わった家人を迎え入れる際、塩で清めるといった単純な儀礼ではすまないのだ。被葬の真新しい死霊や、この際一緒についてくる異常死者の恐ろしい死霊の憑《よ》りついている喪主あるいは葬送に参加した人をおいそれとは迎え入れられないのである。

渡世人のきる仁義ではないが、「宿る」という行為には、本所を離れた旅人として、他の地の主（かつては地霊《ちれい》や地主である大物主など）に挨拶をしなければならない。たとえば幣《ぬさ》を峠や道に手向けるのは、地霊＝祖霊や、屋外の野鬼《やき》（異常死者）への義理だてである。

嶽之枝尾《たけのえだお》神楽、藺牟田《いむた》神舞《かんめ》、入来《いりき》神舞、行波《ゆかば》神楽ほか神楽の曲目にある「宿借り」は、きまって問答が主体となっている。そこでは、葬送儀礼の宿借りとちがって、宿借りに訪れる神霊を歓待する。死霊も、天寿を全《まっと》うし、年忌《ねんき》を経た祖霊であれば、子孫に福をもたらすのである。日本人は祖霊の住む冥界《めいかい》こそ本《もと》の世と思い、祖先をはげしく思慕した。この末の世である顕界《けんかい》に祖霊の来訪を、たとえ一夜の宿なりともと要請したのである。

能楽の中でも〝一夜の宿を借りる〟ことに大きな意味をもたせた構成をしばしばとるところから、かつては広い範囲で分布したテーマであると思う。

図20　ホトホト（新見市菅生）

音なう神と蓑笠姿

岡山県では正月十四日に、ホトホト、コトコトなどと呼ばれる行事があった。この夜、ワラで編んだ馬に福俵を積み、穴あき銭を挿す銭さしを持って、厄年の子供たちが家々をめぐる。縁側でホトホトと音をたてて音（訪）ない、馬や銭さしをおいてかくれて待つ。家の者はこの音を聞くと馬や銭さしと引き換えに大豆や餅を祝ってくれた。

こうすることで、福を授けると同時に、家の者も厄年の子も厄が祓《はら》われる。このホトホトとよく似た来訪神に蓑笠《みのかさ》姿のカセドリがあり、このカセドリにもホトホトにもざんぶと水をかけて祓いをする。この種の習俗は秋田のナマハゲ、石川県のアマメハギ、鹿児島県のトシドンなど蓑笠姿であることが多い。これらの来訪神は、年《トシ》の実《ミ》・年玉《トシダマ》と称して、新しい年のタマを象徴する餅を配っている。数え年の時代、年明けにみないっせいに年を重ねた。このことは、とりもなおさず修正会・修二会の鬼の餅の祖型と考えてよかろう。

『日本書紀』神代上の一書によると、スサノオは根の国に下っていく途中、雨が降っていたので、青草を束ねて蓑笠とし、神々に宿を乞う。ところが神々はこれを拒んだ。それ以来、世の人びとは蓑笠姿で他人の家に入ることをタブーとした。もしこれを犯す者があれば必ず「解除《はらへ》を債《おわ》せる、これ太古《いにしえ》の遺法《のこれるのり》なり」とある。蓑笠姿がタブーであるのは、『枕草子』にも「蓑着て笠着て来るものは鬼」とあるように、蓑笠は鬼の宝物であるかくれ蓑・かくれ笠だからである。蓑笠の原型は、神の依代《よりしろ》となるチガヤであり、チガヤ信仰の重要性がこんなところにもあらわれているが、これを指摘する人は少ない。

ハラへとは

太古の遺法とまで厳しく規定する「解除」とは何か。岩波文庫本の『日本書紀』の校注や『岩波古語辞典』によると、ハラへとは自分の犯した罪や受けたケガレの度合いに応じて、それを晴らすように何らかの物を差し出すこと、とある。ハラへはハラと合へとの複合語でハラは晴れと同根。つまりケガレの状態からハレの状態へともっていくための行為で、そのためには祓の料《はらえ》（手数料）として、金銭なり、何らかの物を差し出さねばならない。

このように、日本の来訪神の性格・役割には二通りの面があって、まず正月さまとして新しい年の魂を授ける「招福《しょうふく》」、福招《まね》きの面と、旧い年のケガレを祓い去る「除災《じょさい》」とがあるのである。こうした日本の来訪神の基本的な性格は、中国の来訪神の儺神《なしん》と一致する。儺神が鬼であったように、蓑笠姿の日本の来訪神もまた鬼なのである。他界から訪れる来訪神こそが見えないはずの鬼であり、蓑笠に隠れていっとき姿を見せる鬼の原型なのである。

蘇民将来と大歳の客

平成十三年（二〇〇一）に奈良県の長岡京遺跡から八世紀の蘇民将来《そみんしょうらい》の札が出土した。札には穴があいていて腰に着けていたものらしい。この札は全国五十数ヵ所の遺跡から出土しているが、大半は平安末から鎌倉以後のものである。

『釈日本紀』に『備後国風土記』の逸文として蘇民将来の伝説が記載されている。昔、武塔《むとう》の神が旅の途中、備後（岡山県）まで来て日が暮れてしまった。行き暮れた武塔の神は、二人の兄弟のうち大金持ちの兄に一夜の宿を頼んだがことわられ、貧乏人の弟・蘇民将来が宿を貸した。弟は快く招じ入れ、できる限り歓待した。その後、武塔神は、再び蘇民将来の家に立ち寄り、お礼として「茅の輪を腰につければ疫病が流行しても子々孫々これを免れることができる。われこそはスサノオの神である」と告げたという。

この話は粟の新嘗《にいなめ》の夜と考えられているが、『常陸国風土記』でも新粟《わせ》の新嘗の夜に祖《おや》神《がみ》が福慈の神と筑波の神を訪れる説話を載せている。祖神は福慈の神に宿を乞うたところ、今日は新粟の新嘗で物忌み中であるといって断られた。祖神は「汝《いまし》が親を何ぞ」とののしる。さらに筑波山に登ってまた宿を乞う。宿泊できた祖神は「愛《いと》しきかも、我が胤《すえ》」といって歓ぶ。祖神は明らかにおのが子孫のもとを来訪したのである。

一般に、こうした説話や昔話を「大歳《おおどし》の客」といって、歳の暮、つまり除夜の晩から正月元日の朝にかけての出来事となっている。大晦日の夜、村を訪れた乞食が長者に宿を求めるが断られてしまい、貧乏な爺と婆の家に泊めてもらう。元日の朝、乞食がなかなか起きてこないので、見ると、乞食は黄金になっていた。乞食のもたらした黄金は新しい年を象徴しているともいえる。また、富の来源はどこか、を示唆している。

神在祭の宿借

ところで、出雲の佐太《さだ》神社では十一月（旧十月）と五月（旧四月）に神在祭《かみありまつり》が行われ、その次第は春秋ともに同じであるが、四月は「神在裏月《うづき》《うらづき》祭」ともいわれる。　詳しいことは後に触れるが、この祭りの最終の神事に「宿借神事」がある。神在祭をお忌《いみ》祭ともいい、この期間地元では「お忌さん」と親しみをこめていう。この間、火継式《ひつぎしき》や新嘗祭も行われ、新旧時間更新の時期であることがわかる。

渡辺伸夫提供の佐太神社の祭礼記録は宿借神事に触れている。永正九年（一五一二）の年号のある「佐陀奥院文書」よりとした明治二十五年（一八九二）の書出しや、大正十一年（一九二二）発行の『佐太神社誌』後編の記載を参照すると、奮殿祝《ふりどのはふり》と別火《べっか》が、拝殿の前と内側とで問答をする。

旧殿祝（拝殿前で）　妙法々々

別火（拝殿内より）　神の前にて声高くするは何人にて候

旧殿祝　宇賀の里人にて候　錦二千反　綾二千反　金二千両　銀二千枚

虎の皮二千枚　竜の駒二千枚を揃へ　宿借りに参って候

別火　　御通り

これにて問答を終り、両人共に殿内に入って坐す。ここまでが神在祭に含まれる神事であり、「此祭式又最古伝ノモノニシテ」「堅《かた》ク一社ノ秘スル所」とある。

佐太の宿借神事が「大歳の客」同様、年の暮れに〝黄金〟をもたらすものであることは疑えない。宇賀の里からやってきたという「宇賀」とはウカノミタマ（稲魂）のウカであり、『出雲国風土記』の出雲郡宇賀郷（現平田市奥宇賀町あたり）であるかもしれない。いずれにしろ、穀物の豊穣とも深くかかわっている。宿借神事の佐太における重要性がうかがえる。

茅の輪

年中行事の茅《ち》の輪《わ》くぐりは、大晦日と六月晦日にあって、境内に設《しつら》えられた大きな茅の輪をくぐり抜け、人びとの半年のケガレを祓う。日本人のケガレ観の中枢には、時間の更新が厳然としてある。厄年の人が勝手に正月をつくって宴を張り、年を重ね（数え年の時代）、もう厄はこれですんだと餅を搗《つ》いて祝うなどはいかにも庶民の知恵であった。チガヤによるこうした時間の更新、スサノオが授けた茅の輪という厄払いの方法こそ、宝物にまさる最大の贈り物ともいえる。長野県下伊那郡坂部《さかんべ》の祇園祭ではカヤの御幣をカヤダカラといい、牛頭天王《ごずてんのう》に供える。

採り物

平安時代に内侍所《ないじどころ》御神楽《みかぐら》と呼ばれた宮廷の神楽で、榊、幣《みてぐら》、杖、篠《ささ》、弓、剣《つるぎ》、鉾《ほこ》、杓《ひさご》、葛《かずら》が普通に用いられた採り物であった。採り物とは、もともと、それを持つものに神霊が宿るとされるもので、古くは榊、茅、笹など手草《たぐさ》といわれるものを手に採った。一方、『江家次第《ごうけしだい》』などによると、鉾、弓矢、剣、それに榊、幣束《へいそく》を神宝《しんぽう》といい、神宝を持って採物舞を舞った。『延喜式』伊勢大神宮式では、「神宝廿一種」をあげ、これには武具のほかに、多々利《たたり》（糸巻）や琴、梓弓《あずさゆみ》を入れている。

神宝は鎮魂祭にも用いられているが、なぜ採り物が神宝なのか。糸巻（織機）は世界の秩序を織りなし、琴は神を呼び、弓は武具であるより呪具であり、魔を祓うのみならず「鳴弦」で、神を誘導する故に神宝なのである。鬼神が引く「大宝」も、神宝といえる。

鬼の宝を数える

さて、宝にもいろいろある。世に「宝数への翁」なるものがあり、翁が宝を数える。現在の能楽の「翁」の変式「十二月往来」にも「み足らはします御貢の御宝、数へて参らん翁ども」と謡う一節があるが、その後はべつだん宝を数えることもない（本田安次『翁そのほか』）。しかし、各地には実際に宝数えをする翁がある。まず、翁が出て、翁面の由来を語り、次に齢久《よわいひさ》しい翁の謂《いわ》れを語り、囃子《はやし》を所望して、我が君の千代千歳の富宝《とびたから》を祝うとて、宝数えをする。

図21　雪祭の「しょうじっきれ」という曲では翁が宝数えをする（長野県阿南町新野伊豆神社）

たとえば、

先づ一にとりては島国の宝物かぞへて参らん、（中略）同じくついでに鬼が島内の宝をかぞへて参らん、鬼が島の宝やさしよも候よ、隠れ蓑に隠れ笠、延命小袋、打出の小槌、一夜に千里飛ぶちようかすのふちとかよ、麝香《じゃこう》の臍《ほぞ》とかよ、かやうの宝も一つも洩らさずかぞへて参りたよ翁どの（下略）（静岡県引佐《いなさ》町寺野観音のおこない）

あるいはまた、

年久しき翁参りて　我君の千代万代のとびたからを　ひとつももらさで数へて参らせふ（中略）おなじきついでに　鬼のたからをかぞへて参らせふ　鬼がかくれみのかくれ笠延命小袋　打出の小槌と（中略）しはんじようの杖とか　かやうのたからを　一つももらさでかぞへて参らせう（下略）

（静岡県水窪《みさくぼ》町西浦《にしうれ》観音の田楽）

この宝数えは、天竺《てんじく》の宝、唐土の宝、日本の宝と数えるが、なぜか鬼が島の宝について詳しい。翁は鬼と同じ〝他界〟を同じすみかとしてこの世に訪れるせいではなかろうか。これらの宝は、国々の社に収め、結局「とどこれのお蔵にも収めいれる」という。

狂言「せつぶん」に鬼の隠れ蓑・隠れ笠が出てくることはプロローグで触れたが、狂言「宝の槌」にも「ほうらいの島なる、鬼のもった財《たから》は、隠れ蓑に隠れ笠、打出のこづち」とある。鬼の宝物である蓑・笠や杖はいかにも旅装のようだが、草装のスサノオと同じでこれは旅装であって旅装ではない。武具であって武具でない弓と同様に呪具なのである。

『日本書紀』では、山にこもっていた死者の霊が「青き油の笠を着て、葛城嶺《かつらぎのみね》より馳《は》せて胆駒《いこま》の山に隠れぬ」とある。死霊が山から出て山へ隠れる瞬間、笠を着て現れている。

また、鬼の持つ「しはんじようの杖」とは、〝死人反生の杖〟をいう。広

蔵の下積み

島市安佐南区の阿戸《あと》明神社《みようじんしや》に伝わる阿刀神楽の世鬼（荒平）の舞に見える一節がある。

あーら、この杖を持つて、四方八方を打ちなづれば、万の宝がみな寄る来るなり

まーた、この杖を持つて、細かき方にて、老いたるものの顔をなづれば、十七・八に若やぎ、太き方にて、死したる者を撫《な》づれば、生き返るなり

これも皆、杖の因縁なり
あーら、この杖を汝にとらせるぞ
よき蔵の下積みにせよ

とある。最後の「蔵の下積みにせよ」とは、杖を蔵の下に収めよということであり、宝数えの翁が宝数えをして、最終的に、すべての宝を蔵に収め入れることに通じる。牛尾三千夫の「蔵の下積み考」(『大田植の習俗と「植歌」』)によると、刈穂を穂殿＝蔵(種籾囲いをクラといった)に積んで冬を眠らしておくことを「蔵の下積み」といい、その穂殿は本家筋の戌亥(北西)の方向に作るのが古来の慣わしであったという。戌亥《いぬい》こそ、祖霊や豊穣につながる方位である。

中世の神と鬼

後戸の神と戌亥

鬼の浄土といぬい

『御伽草子《おとぎぞうし》』の「一寸法師」に、ふしぎな記述がある。鬼に呑み込まれた一寸法師が鬼の体内であばれると、たまりかねた鬼が「ただ逃げよ」というまま、

打出の小槌、杖、笞《しもつ》、何にいたるまで打ち捨てて、極楽浄土のいぬゐの、いかにも暗き所へ、やうやう逃げにけり

というくだりである。なぜ鬼は「極楽浄土のいぬゐの、いかにも暗き所へ」逃げ去るのか。鬼が逃げ帰る戌亥《いぬい》（西北）の隅について、こんな資料もある。

鹿児島県大島郡（現鹿児島郡）十島《としま》村に、俗に七島正月といわれる先祖《オヤダマ》祭りがある。旧

暦十一月末から十二月六日の七日間をいい、六日がいよいよオヤダマのお立ちの日である。出立の刻限は巫女《ネイシ》が決め、村の触役《カチギヨージ》に告げる。悪石島《あくせきじま》の例では、若者が煎豆《いりまめ》を持って家々を訪れ、「福は内鬼は外」と唱えて豆を撒《ま》き、最後に、

とんびんたからは　いぬいのすみに　うえておじゃれ（富宝《とびたから》は戌亥の隅に置いて行け）

と三遍唱えると、それまで閉めてあった戸障子をガタガタと揺さぶり、これをお立ちを送り出すことだという。狂言「せつぶん」の鬼は背戸《せど》から現れたが、ここでは背戸のいぬいに立ち去ったことが示されている。この時、家人一同が炉の周囲に集まって、節木《せつぎ》（歳《とし》木《ぎ》＝薪《まき》）を焚《た》くのである。この折の火はなるべく荒々しく音を立て煙も盛んなのがよいとする。

富宝の湧く戌亥

この民俗は正月の何たるかを実に明快に示している。なかでも、祖霊とオニの習合、荒々しくオニが立ち去った戌亥の隅に富宝が生まれ、イロリに世継《よつ》ぎ榾《ほだ》（世代を受け継ぐ薪）が、あたかも火の神＝三宝荒神《さんぼうこうじん》が示現するごとくに焚かれるところがおもしろい。

『竈神《かまどがみ》と厠神《かわやがみ》』を著した飯島吉晴は、その中で、

納戸や倉が、しばしば西北方（戌亥の方向）に位置していることも重要である。戌亥の方向の信仰については、既に、三谷栄一の詳細な研究がある。三谷は、戌亥の隅が「家にとっては最も重要な地点で、酒が沸き黄金が出るという、庶民ののぞむ富徳や祝福がもたらされる尊い場所であった」、「そして、それは、タマなる風の訪れる方向でもあったのである」と述べている。

と三谷栄一の『日本文学の民俗学的研究』を評価している。三谷の研究は飯島が評価するとおりであろう。三谷の集めた事例の豊富なことは驚くばかりで「戌亥の隅」が屋敷にとっていかに神聖な方位であるかここに尽くされている感じがする。しかし、「戌亥の隅」も、三谷が柳田国男の「風位考」をふまえて広がりを示唆したように、戌亥の方位の重要性は、屋敷の隅を越えて、さらに拡大して考察さるべきものである。

山守の杖

たとえば、渡辺伸夫が採集した資料に宮崎県諸塚《もろつか》村の戸下《とした》神楽「山守」がある。山の神勧請《かんじよう》にかかわるもので、笠をかぶり山守葛を輪にしたものを袈裟懸けにつけた山守が、枝葉つきの木（葛の巻いたしかん杖という宝物の杖）を携えて、山から下りた様子で神楽宿を訪ね、神主役と問答をする。まず、村人に、笠と袈裟懸けにした葛を「この村の所願成就のため、隠れ笠、隠れ蓑を許しとらす也」といって渡し、ついで神主役にしかん杖を譲り渡す。山守はいう。この杖を「戌亥の隅に納むれば七福来たって当五代だんなんの御宝となる。とくとく此れを許し取らす也」と。

諸塚村には、桂、南川にも「山守」の曲はあり、詞章も共通するが、戸下だけが現行曲として伝承されているという。渡辺が見学した折には、神楽宿近くの山麓から山に入ってすぐの場所で、しかん杖の木を山守が伐ったが木を伐る折に体が震えだしたという。仮設の御神屋《みこうや》が戌亥の隅に結ばれることといい、杖を戌亥の隅に納めることといい、いかに戌亥が神聖な方位であるかがわかる。

また、この杖については、「御榊柴《みさかきしば》」ともいい、祭文では「天竺に生える宝のかうむりの木」である巨木として表現され、宇宙を体現する宇宙樹であることの描写が続く。屋敷の戌亥の隅が重要なのは、屋敷の背戸《せど》にあたる西北から山の神がミニ宇宙樹を携えてやってくるからなのである。狂言「せつぶん」では、裏手の「せど門」から鬼がやってきて、宝物を置いて蓬莱《ほうらい》の島に立ち去る。蓬莱の島は、宇宙の聖なる中軸であり、仏教でいえば中央の須弥山《しゅみせん》にあたり、そこには宇宙樹が立っている。混沌たる世界も、聖なる中軸があってこそ秩序が整うのである。古代人の世界観にある「山」とは、そのような理想郷であった。「神樹」や「山」に、宇宙の中軸の概念を新たに導入する必要がある。その宇宙樹の生える「山」は戌亥の方向にあった。

白山と戌亥

花祭りの臨時大祭りの神楽については先に触れたが、豊根村下黒川の安政三年（一八五六）十一月の折の神楽設備を武井正弘《しょうぐ》が「花祭の世界」で復元している。それによると、青柴垣の中の「白山《しらやま》」から三途《さんず》ノ川にかかる「無明《むみょう》ノ橋」が戌亥の方向にのびて、湯釜《ゆがま》を真ん中にした舞処《まいと》があり、さらに神部屋《かんべや》が戌亥の方向に設けられている。白山を死者の住む山と考えると、ふつう三途ノ川から見て戌亥の方向に死者の山は設定されるが、ここでは逆方向になっている。しかし、戌亥が逆の辰巳《たつみ》であっても、西北・東南の軸線に変わりはない。

そして、白山行事は、死―彼岸―再生をかたどった行事で、明方、山見鬼《やまみおに》が伴鬼《ともおに》を連れて来て悪鬼を退治し、人びとを助け出したうえ、斧《おの》で白山を割り、人びとを引き連れて舞処に戻る。鬼が鬼を遣《やら》うわけであるが、鬼の助けで木の根祭り（木の根を枕に男女が和合する）ができて、子孫繁盛で白山から生まれ変わった者に清めの産湯を使わせるため、舞処の釜の湯を振りかけるという。現在でも、花祭りの折に鬼が出ると「鬼が出たつびしょ」と囃す。「つび」とは女性性器のことで、性交をも意味する。

花祭りの始めは、湯釜の中に入れる水を汲みに行く「滝祓い」、ついで「高根《たかね》祭り」。祭場である花宿《はなやど》（民家から公民館に変わっている）の背後の山の戌亥の方向に登って、注連縄《しめなわ》を張り幣を立て、供物を供える。四方に向かい諸神や精霊を呼び迎える「辻固め」は花宿の辰巳の方向の畑に二メートルほどの高さの五色の梵天幣《ぼんてんへい》を立て、悪霊祓いをする。

図22　高根祭り（愛知県東栄町中設楽）

図23　新野雪祭りのガラン神

高根祭りとガラン神

花祭りの高根祭りにあたるのが、新野《にいの》の雪祭りや西浦田楽《にしうれでんがく》のガラン様の祭りである。愛知県北設楽《きたしたら》郡設楽町田峰《だみね》観音堂、静岡県天竜市懐《ふところ》山《やま》阿弥陀堂でもガラン様を祭るガラン祭りがある。観音、阿弥陀、薬師などを安置する各堂のオコナイ（修正会）を始める前に堂の裏山や背戸にある小祠で行われる。ガラン様は伽藍《がらん》を守護する神である。天狗《てんぐ》や山の神、モリ神などの土地に住み着いている神と考えられている。これをガラン様とはいわず「奥の院」と呼ぶところもあり、いずれにしろ伽藍が配置される以前の地主神といってよい。

このガラン様について、世阿弥《ぜあみ》がおもしろいことをいっている。有名な『風姿花伝《ふうしかでん》』の中で、祇園精舎に見立てる伽藍の背戸にあたる「御後戸《おんうしろど》」にて、外道《げどう》（邪鬼）祓いのために、鼓・笛・唱歌で、六十六番の物まね（猿楽）をしたのが能の起源であるという。「外道、笛・鼓の音を聞きて、後戸に集まり、これを見てしづまりぬ」と記し、その間に釈迦如来が説法をしたのだから、この道（猿楽の能）は天竺《てんじく》に始まったのだという。むろん、これは史実をそのまま言っているわけではない。しかし、三河・信濃・遠江の修正《しゅしょう》会《え》の芸能を見ても、まずガラン様の祭りがあって、猿楽や田楽、延年の芸能が行われていることを考え合わせてみると、ここに真実が潜んでいるとしか思えない。

あるいはまた、世阿弥は、こうもいっている。天鈿女《あめのうずめ》の岩戸での神憑《かみがか》りの舞いを述べ、その時の神楽あそびが、猿楽の始めであり、ついで『世子《ぜし》六十《ろくじゅう》以《い》後《ご》申楽談儀《さるがくだんぎ》』で、

後戸の猿楽はかぐら

ゆうがくの道は一切ものまね也といへ共、さるがくとはかぐらなれば、ぶかニきよくをもつて本風と申ぬべし。さて、さるがくのまひとは、いづれととりたて丶申べきならば、此道のこん本なるがゆえに、をきなの舞と申べきか。又うたひのこんぽんを申さば、をきなのかぐらうたと申べきか

と、いっている。

猿楽が後戸《うしろど》にはじまり、それは物真似による舞と歌を本風とする神楽であり神楽の舞い、中でも翁の舞であり、翁の神楽歌が謡の根本にあると、後戸の翁舞に能の起源を求めているのである。

能の、コーラスにあたる地謡は「うたう」といい、オーケストラにあたる囃子は「はやす」という。また、主役であるシテ（為手＝する人、演技者）は「舞う」という。戸井田《といだ》道三《みちぞう》は「歌舞二曲と物まねの三体とを、能の演技の基本と、世阿弥はいっているが、そのなかで舞うということが能のもっとも基本的なものであることが、能を舞うといわせて、

謡うとも語るとも、物まねするともいわせなかった原因であろう」といっている。

世阿弥は、語り物である謡を背景の「地」にすえ、「神楽の舞い」を舞いつれることをもって芸術化した。それが能であろう。天才世阿弥の創出した能独自の演劇手法が、最もさえわたったのが〝夢幻能《むげんのう》〟である。

出発点にある翁

その夢幻能への歩みの、出発点にあるのが翁であり、世阿弥は、六十六番の物まねを悪霊を退け幸運を招く目的で行ったが、わが国では天下のご祈禱として秦河勝《はたのかわかつ》が子孫に伝授、「その後、六十六番までは一日に勤めがたしとて、その中を選びて稲積《いなつみ》翁（翁面）・世継《よつぎ》翁（三番申楽《さんばんさるがく》＝三番叟《さんばそう》の古名）・父助《ちちのじょう》、これ三をさだめ」たという。いわゆる式三番《しきさんば》である。

現行の翁では、天下泰平《たいへい》国土安穏《あんのん》のご祈禱をあげ、天地人踏鎮めの翁舞を舞うが、稲積の翁を思わせる豊作と関係する様子が見当たらない。千歳の舞のあとに、翁が「総角《あげまき》やとんどや」と謡い出し、地（地謡）が「ひろばかりやとんどや」と受け、翁が「座して居たれども」と立ち上がる。このとき、三番叟役の狂言方が翁と向かい合う型がある。この型を、本田安次は「対面の翁」といった。

狂言方と向かい合う翁は、実は性的な物まねであった。「総角《あげまき》やとんどや、ひろばかりやとんどや」は催馬楽《さいばら》で、つづいて「さかりて寝たれども、まろびあひけり、とうとう、かよひあひけり、とうとう」となるのをわざと省略しているのである。

各地に残る田遊びの翁には、翁と媼《おうな》が抱き合う型がいくつもある。平安朝にも稲荷祭の散楽《さんがく》（藤原明衡『雲州消息』）に、翁が性交の物まねを演じている。現行の三番叟《さんばそう》は鈴の段で、種まきといわれている型をする。対面の翁は、それによって稲のみのりを多くしようという呪術《じゆじゆつ》であった。

翁の寿詞

また、正月に宝数えの翁という寿詞《よごと》をのべる翁があることを前章で触れた。「翁」は能にして能にあらずといわれる。翁舞が能の本質であり、すべての能に通じるものがありながら、翁には祭儀的な神聖なものが際立っている。それが豊穣への呪術であり、寿詞をのべて、一家の繁栄を祝う行為なのである。

翁は「総角《あげまき》やとんどや」と豊穣をうながし、つづいて、

〽千早振る神のひこさの昔より、久しかれとぞ祝ひ、（地〽そよやりちや）

〽凡《およ》そ千年の鶴は、万歳楽と歌うたり。又万代の池の亀は、甲に三極を備えたり。（中略）天下泰平国土安泰、今日の御祈禱なり

と御祈禱し、さらにつづけて、

〽在原やなぞの翁ども、（地〽あれはなぞの翁ども、そやいづくの翁とうとう）と、地のうたう「いったいどこから来た翁なのか」の問いにうながされて、翁は語り出すのであるが、ここでも現行の翁に答えはなく切れている。

花祭りの榊鬼や翁は、この祭りの庭に出てきたいわれを尋ねられて、ここまではるばる遠路をいとわず訪れた由来を語る。それは一人称の語りで自らの生まれ在所や婿入《むこい》り、都入りの様子を長々と語ってきかせるのである。

翁は正月の祝福芸能の面影を多分に残している。現行の翁にも多種多様な翁があったことがうかがえるように、能以前の田楽、猿楽、神楽の中の翁が、演じられた場所によって演じ分けられていたに違いない。場所はさまざまでも、演じられたときは一様に年はじめであり、祝禱の語りを第一人称で述べるところに、翁の出自の本質的な性格が露呈している。それは、正月の神である来訪神ではなかろうか。

後藤淑《はじめ》は、神が姿をあらわす時に仮面を使用するのは当然としても「翁が切顎《きりあご》であるのは、神歌、寿詞を述べたからではなかろうか」とし、先行の舞楽採桑老面に似た形式の切顎があるが、現実に翁面が舞楽面とともに分布していることは少ないので、根本は日本人の考えの中から神事とともに生れて来たのではないかとしている（『能楽の起源』）。

後戸の神・摩多羅神

本田安次は『翁そのほか』で、翁にさまざまな翁があったことを示しているが、その中の一つに「祝詞《のつと》の翁と開口《かいこう》の翁」がある。開口の翁とは、平泉中尊寺に伝わる故実舞に出る翁で、中尊寺の勝景をたたえ、堂塔をほめ、千秋万歳を唱えるもの。また、祝詞の翁とは、同じく平泉町の毛越寺に旧正月二十日の夜、本尊を後戸《うしろど》で守護する摩多羅神《またらじん》の祭りに行われる延年《えんねん》に出る翁である。王の鼻の、天狗に似た面をつけ、杖を携え、背に桑の弓と蓬の矢を負った特殊な翁装束の者がでて、秘文を唱える。その秘文の内容は、摩多羅神の御本地を説き、御願円満、息災延命を祈るもの。

図24　摩多羅神（広隆寺の牛祭り）

摩多羅神の祭りで有名なのは、京都太秦《うずまさ》の広隆寺境内の大避《おおさけ》神社の牛祭りである。広隆寺は秦河勝の創建になるもの。十月（もと九月）十二日、インド伝来の神といわれる摩多羅神が、赤鬼、青鬼二人ずつを従え牛に乗って拝殿まで来て、摩多羅神が段に昇り、四鬼を従えて祭文を読み上げる。祭文は災厄退散の祈願文だが、はなはだ珍文で、長々と唱え上げる。それぞれ特異な紙の面をつけているが、終わると祖師堂に飛び込む鬼と摩多羅神の面は群集によりはがされ厄除けとされた。太秦寺の守護神の祭りで、土地の精霊が祝福にやってくる形式をとっている。『風姿花伝』の河勝伝説によると、六十六番の物まねを河勝は子孫に伝え、摂津国難波の浦より、うつほ舟に乗って、風まかせで播磨の国坂越《しやくし》の浦に着くが、諸人に憑《つ》き祟《たた》って奇瑞《きずい》をあらわした。そこで神と崇《あが》めて、大いに荒れる神なので、大荒《おおさけ》明神と名付けたという。

翁は宿神

世阿弥の女婿であった金春禅竹《こんぱるぜんちく》は『明宿集《めいしゆくしゆう》』で「翁ヲ宿神ト申タテマツルコト」といい、「カノ秦ノ河勝ハ、翁ノ化現《けげん》疑ヒナシ」として、翁こそ猿楽芸能者が最も神聖視し敬った「宿神」であることを示した。つまり、大避神社の大避大明神の本義は大荒大明神であり、それは「うつほ舟」で寄り着いた神であるから、来訪神の一種である。

さて、宿神とは『明宿集』によると、仏法の守護神で摩多羅のことだという。しかし摩多羅神のみが宿神とはいえない。一夜の宿を借りる「宿借り」である客仏、客神の類に押し広げて一向にさしつかえない。

奈良の春日社に仕える宿の者が住んでいた奈良坂に猿楽の祖神＝宿神を祀ったのではないかとされるのが、奈良坂春日社（奈良豆比古《ならずひこ》神社）である。現在、奈良豆比古神社では翁舞を伝承しているし、奈良の社寺のご用を勤める職人たちが住んでいる。中世、「奈良津彦」に「猿楽田楽傀儡師《カイライシ》白拍子《シラビョウシ》」など「勧進ノ為ノ輩《ヤカラ》」や諸祭礼の警護の役、正月用の門松飾りの製作や掃除を家職とする者が住んでいたことが知られる。

都はずれの宿の者

わたしが奈良豆比古の翁舞（十月八日）を見学した折には、翁舞を務めた翁講の中の一人は、諸寺の鬼瓦を焼く職人であったことが思い出される。伝承している「べし見面」は県指定の文化財で、応永二十年（一四一三）の銘がある。彼らが、初春を寿《ことほ》ぎ不浄を祓《はら》う「ほかい人」であり、猿楽の芸にたずさわる者であることは間違いない。祝福芸能民は「宿借り」の来訪神を係累とし「芸」を売る職人でもあったのである。

宿神と石神

喜田貞吉はシュクシンがシクの神としての名に由来するとし、「観じてここに至れば宿神の及ぶ範囲は更に広くなって、彼の社宮神《しゃぐじん》・社宮司《しゃぐじ》・赤口《しゃく》神《じん》・石神《しゃくじん》、（中略）或は傀儡師の祭る道祖神と合わせて研究せねばならぬものであるかも知れぬ」といい、服部幸雄も喜田に同調している（服部『宿神論（下）』）。

図25　諏訪地方のミシャクジの一つ（神長官守矢史料館近く）

一方、柳田国男は『石神問答』の中で「サグジ又はシャグジも塞神の義」つまり辺境を守護する神であったとしながらも、さらに都邑の境や端《はず》れのみならず、「守宮神と言ふ神の名は、本来諸道の家の神の名から出た」（「毛坊主考」）ともいっている。つまり柳田は「地境鎮護の神」は本来「家の神」から出たと考えていたことにもなる。

後戸の神・宿神は、島宇宙的世界観である一戸の家の中の中心＝イロリを原点とする本来の家の神から―屋敷神―地境の神―辺境の神と、拡散していった神と考えられる節がある。後戸の神は、共同体の氏神や鎮守、神棚、床の間の神といったオモテの人格神よりも一段古い神であるが、今やウラの神である。ウラの神々は、ウラの暗い隅に祀られる。台所の神、水神、火の神、風の神、荒神、納戸神、屋敷神あるいは山の神といった、自然神に連なる固有の名をもたぬ神の系譜につながる神である。

憑依と一人称の語り物

複式と単式

中世の能は妄執《もうしゅう》の霊を主人公とする特異な演劇である。その特色から見ていこう。能楽は、その様式の上から少なくとも三つに分かつことができる。その一が翁の能であり、その二が夢幻能であり、その三が現在能である。本田安次の分類によると、翁以外の現行曲を二三四番（佐成謙太郎『謡曲大観』）とすると、そのうち一二七番が夢幻能であり、一〇七番が現在能である。

さて、夢幻能と現在能の特色をあらかじめ知っておく必要がある。

夢幻能とはどういうものか。はじめ、ワキ方の旅人が出て舞台に片膝を立てて坐り控えると、つぎにシテ方の里人が出、旅人に問われるままにその土地に伝えられたいわれや自分のことをいろいろ語り、最後に里人は「実は自分は今の物語に出てきた誰それなのだ」といって消える。つまり中入りで、舞台から一度退場して静かに鏡の間（または舞台上の作り物）に入るわけである。やがて先ほどの里人が今度は誰それの本来の姿で霊としてあらわれて、昔のことどもを仕方話《しかたばなし》風に語ったり舞ったりして、夜明けとともに消えていく。以上は旅人の夢だった。ワキがシテと時間の次元を異にしているため常に時間は過去にさかのぼる。

これが夢幻能の基本的な筋立てである。里人を前シテ、誰それを後シテという。シテの語りを引き出すために登場する役回りの旅人がワキである。前シテの里人は、女性、童子、老人などが多く、後シテは神や仏、鬼、武将、美しい婦人などさまざま。ワキは勅使や神主、僧侶が一般的だが、かならずしも限定はしていない。けれども筋立ての構成はすべて一様だし、前場、後場と二段に分かれる複式の演出様式に変わりはない。

それでは、現在能とはどういうものか。現在形で進行する現在能の演出は前段後段に分かれない単式で、ワキが重い役をする。主役独演主義で通している夢幻能にたいして、現在能のワキは主役にたいする相手役を意味する。だから「安宅《あたか》」のように役と役との対立によってテーマの展開を求めているものがあり、この点だけからみれば西欧の写実劇に近い。ところが、問題は第三者的な叙述にしたがっている部分が基本となっていることで、それはキリとよぶ終わりの部分や地《じ》の文、ト書き的な文章だけでなく、自分自身のいま行っている行動を三人称で説明している場合さえ少なくない。つまり三人称の語り物に人物が挿絵風に登場して、語りの中にあらわれている自分の部分を自分で分担して演ずるものである。だから、現在能といっても本当の意味での現在の人間が出る純セリフ劇とはまったく違うわけである。

語りの舞台化

確かに能は舞うといって、能の演技の基本は舞いにあるが、フシをつけたカタリを地（地謡《じうたい》）にしている。ワキがシテにむかって「御語り候へ」とうながせば、シテ自身も「さらば語つて聞かせ候べし」と語りだす。すべてカタリの舞台化である点で共通している。カタリであるからには、舞いのほか極度に動きが少ない。

現在能は生きた現実の人間の世界を描いた三人称の語りだが、夢幻能は回想形式をとった一人称の語りである。つまり、その者に扮したものが在りし日の姿で舞台にあらわれて、自分のことは自分で語り、自分で仕草をし、自分で舞うもの。これが写実劇のセリフであれば、一人称はあたりまえ。ところが、能はあくまで語り物であるから独演のカタリ形式になる。

一人称による語りはいかにも特異な発想である。日本の語り物は、『万葉集』の乞食者詠《ほかいとのうた》を例外とすれば、『古事記』以来、中世の平曲《へいきょく》や曲舞《くせまい》、近世の浄瑠璃《じょうるり》などすべて三人称の語り物である。現在能は日本の語り物の系列からいえば至極あたり前である。しかし翁と夢幻能は一人称の語りでありそのことが、中世日本の仮面劇・能の特色を世界の仮面劇史上においても特別に際立たせるものとなっている。

一人称単数の語り物といえば、アイヌの神々や英雄の物語をあつかった口碑《こうひ》文学ユーカラが知られる。金田一京助は、神が憑依《ひょうい》したシャーマンがうたう物語が原型であると説明を試みた。いわばシャーマニズム起源説である。わが国での一人称の語り物は、中世の能楽をもって最も著名な例とする。ただし能楽は語り物でありながら仮面劇である。

なぜ仮面か

ところで夢幻能の成立は、能が室町時代に飛躍的に発展、芸術化した一つの証《あか》しである。夢幻能の後シテは神や仏、鬼、武将、美しい婦人であるが、霊としてあらわれたものであり、現在能と違い是《ぜ》が非《ひ》でも仮面を必要とした。来訪神が他界からこの世にあらわれるときに仮面を必要としたように。夢幻能は一人称の語り物であり、後シテはワキの見る夢にあらわれる幻である。その中には「忠度《ただのり》」のように、中入りの前に、前シテ自身が「夕べ乃花の蔭に寝て、夢の告げをも待ち給へ」と、いずれ夢の中で会うことを予告して行く方知らずとなる例もある。そして後シテ・平忠度の霊は雄々しい武装で現われ、一ノ谷の合戦で「我も船に乗らんとて汀《みぎわ》の方にうち出でしに後を見れば武蔵の国の住人に岡部の六弥太忠澄と名の」る者が追っかけてきて、一騎打ちとなり、ついには首を打たれた次第を物語る。世阿弥はこの曲を『平家物語』に材をとっているが、語り物でありながら、一人称の語り物としてシテは仮面をつけて登場する。

観阿弥時代の能は主として現在能であり、「忠度」のような修羅能はほとんどが世阿弥の時代になってできたものである。それらのシテがかける男の面は、鬼の面からというより女面から転化してできたものと推察されている。なお能は一日の番組を五番と定め、翁を別格として、初番が脇能《わきのう》（神）、ついで修羅能《しゅらのう》（男）、鬘能《かつら》（女）、雑能（狂）、最後は切能《きりのう》（鬼）とし、序破急の理で番組を構成した。

現在能・夢幻能の発想

夢幻能に比べれば、現在能の様式上の発想はおよそ見当がつきやすい。つまり現在能では第三人者的叙述が基本となっているのだから、語り物がそのまま素直に舞台化されたことをあらわしている。たとえば先行芸能に曲舞、この一派の幸若舞がある。のちに信長など戦国の武将にも愛好されたもので、一つの

図26　大江幸若舞．高館・那須与一・夜討曽我など戦記物を語って舞う（福岡県瀬高町大江天満神社）

筋のある物語につれて舞うもので、能に近い。こうした三人称の語り物の流れを猿楽者たちは舞台化にあたってさまざまな工夫をこらした。

では、二段劇風の演出をもっぱらにする妄執《もうしゅう》の霊の登場、その慰撫・供養・救済という特異なスタイルの劇を生むに至った要因は何だったのだろうか。古代と中世を境する歴史の動乱で骨肉相《あい》食《は》む悲痛な体験を持った人びとは、御霊《ごりょう》信仰を信じ、人間の本質をみつめる鎌倉新仏教を生み、極端にはなやかな色調を失った厳しい中世芸術の数々を創り出している。演劇のジャンルにおいても、思い切った創造が行われたにちがいない。それが天才世阿弥の創出した夢幻能といえようが、いくら天才でもいきなりの独創は考えられず、それでは「衆人愛敬《しゅうじんあいぎょう》」をもって「一座建立《こんりゅう》の寿福」とすることはできない。必ずや当時の社会思潮の中に、夢幻能発想の要因がひそんでいるはずである。

能と憑霊

中世の記録には明神や菩薩などの神仏の霊が、女性、童子、老人などに憑りついて神の意志を語ったということがよく見られる。いわゆる憑霊《ひょうれい》現象である。

中世の神は、しばしば「翁」の姿で示現・影向《ようごう》した。謡曲の「翁」にかぎらず、『今昔物語集』でも、貴布禰《ね》明神、稲荷明神、八幡神、道祖神が老翁の姿であらわれている。絵巻物でも、『石山寺縁起』の比良明神、『一遍上人絵伝』の熊野権現がみな翁の姿であらわれている。日本中世史研究者の黒田日出男は、中世の神の化現は「翁」の姿を基本にしていたという。しかし神の化現は神の示現にふさわしい聖域とは限らない。『春日《かすが》権現《ごんげん》験《けん》記絵《きえ》』では、懐妊している女性に春日大明神が憑いて、その女性は家の天井に登って大明神となっている。

図27　『春日権現記絵』第17巻第1段

憑霊は神仏に限らない。戦死者のようにこの世に怨みを残す武者や祟《たた》りなすさまざまな怨霊である場合も多い。国文学者の北川忠彦は著書『世阿弥』で、正慶《しょうきょう》二年（一三三三）の見聞記『博多日記』（京都東福寺の僧良覚が記した）の中の一節を紹介している。

正慶二年三月、菊池武時が鎮西探題を襲撃した時のこと、武時もその子左衛門三郎頼隆も、武運拙《つたな》く敗死してその首をさらされた。それを見たある女が身の毛もよだつ思いをし、そのまま病の床についてしまった。その枕もとへある僧が行き対面したところ、その女は起き上がり、男の風情して扇を取り直し挨拶をする。僧が「いかなる人ぞ」と尋ねると、「我は菊池入道の甥左衛門三郎と申す者也」と名乗り、新妻を迎えて十六日目に出陣となり討死した次第をこと細かにその都度仕草《つどしぐさ》をまじえて語り、後生を弔ってくれと頼んだ。そこで僧が供養すると、女は倒れ伏し、しばらくすると病がすっかり落ちていたという。

北川は「このような事例を取り上げて、正気の間を前シテに、とり憑かれた後を後シテに脚色すれば、たちまち現行の修羅物に近いものが出来上がろう」「このような素朴な憑き物による古修羅の世界から巧みに複式夢幻能の世界に抜け出したことも世阿弥の手柄の一つであった」「要するに世阿弥の修羅物は、妄執とか憑き物とかいった古い修羅の世界を、脇能の形式を応用しながら、滅びの美学として捉え直したものといえよう」と記している。夢幻能こそが、能の能たるゆえんである。

化現と憑依

一方、先に述べたように神や仏が、この世に別の形体をとってあらわれる化現《けげん》という現象もあった。それは人間の形体をとる場合と、動物や植物に形を変えてあらわれることもある。憑依と化現には大きな違いがある。憑依の場合はその対象が女性、童子、老人といった普通の里人に限られ、憑依する霊自体も神仏に限らず、単なる実在の人間が依り憑く場合が多い。しかし化現の場合は、憑霊する霊そのものは八幡大菩薩とか諏訪明神といった神仏や菩薩に限られる。供養・救済を必要とするのも、化現した霊であるよりは憑依した妄執の霊である。夢幻能の二段構成にすべてを含めてあてはめるとすれば、化現ではなく憑依というべきではなかろうか。

能に「移り舞」というのがある。霊が乗憑《のりうつ》って舞うことで、憑《うつりまい》舞と書くべきものだ。「井筒」で、中入りの後業平《なりひら》の形見の冠を頂き、形見の上着を身につけて後シテが登場、常座にとまり「今は亡き世に業平の形見の直衣《のうし》身に触れて、恥ずかしや、昔男に移り舞」と謡って序の舞となる。井筒の女に業平が乗憑って舞うわけだ。

中世、神霊が巫女や老人に依り憑いて、神の意思を語ったことは現実の生活の中で日常茶飯事だった。これを託宣というが、江戸時代になると、託宣も「ご託を並べる」などといってその用語も成り下がったが、それ以前は中央・地方を問わず、しきりと託宣が行われていたのである。

託宣の形式

託宣は、突然に神が人に乗憑《のりうつ》って神意を告げることもあるし、人間の側で特定のものを憑子《よりまし》としてこれを神がかり状態になるように仕向けて、その発する言葉を神意として聞くこともあった。神がかりに追い込む手段としては、周囲の者が囃《はや》し立てたり、本人が激しく舞を舞ったりもした。恐山《おそれざん》のイタコのように、死口《しにくち》、生口《いきくち》などといい、故人あるいは遠く離れている人などの魂を祈禱で呼び寄せ、巫女自身に憑かしめ、その人さながらの身振りや音声で対話者に答え、供養を頼んで消える。

このように、神霊あるいは生口、死口の主人公が憑子に乗憑り、憑子の口を通して語る語りはもちろん主人公その人の一人称の語りだし、その人の身振りをもともなう。この語り手がシテ、その語りを引き出そうとして周囲の者がいろいろ尋ねる、その周囲の者の代表がワキといえないだろうか。

二段劇風の夢幻能の前段は、この託宣の形式をそのままとっているとしたのは本田安次である。つまり前シテは霊魂にとりつかれた、神がかりあるいは仏がかりしたこの世の人間、憑子だ。語りを済ませた憑子は、実はその語りの主人公はわたしなのだといって霊の正体をあかし、しばし待てと鏡の間に入る。前段の語りは憑子の口を通じてさあらぬ状態で語っているが、さて後段では、前の語りのなかのものそれ自身が霊の本来の姿をあらわして、世にありし姿でまざまざと仕草を交えて語り舞を舞うのである。それはむしろ、幻覚・夢幻というより現実のもの、といった印象である。

前段も後段も同一人格の憑子とせずにともに幽霊とする説や後シテをワキの見る幻覚だとする説もある。確かに後シテ自身が夢だと述べる場合があり、本田説（『能及狂言考』）には細かなところで齟齬《そご》をきたすところもある。しかし、それは、能の芸術化の過程で起った許容範囲と思う。柳田国男もこんなことをいっている（『女性と民間伝承』）。

能の謡の五百以上もある曲目に於て、其半数までが神と人、若《も》しくは精霊と人との交錯であり混同であつて、必ず一人のシテが前後二つの舞を舞ふことになつて居るのも、此意味を知つて始めて起原を尋ねることが出来ます。即ち最初から目に見えぬ不思議のものが、先づ実在の人の姿を仮りて、現はれ且つ物言ふ習はしが無かつたならば、とても此様に多くの趣向が、繰返し模倣せられるわけは無かつたのであります。さうして他の一方には我身を空家にして、神や精霊に宿を貸す者が、昔は幾らも居て

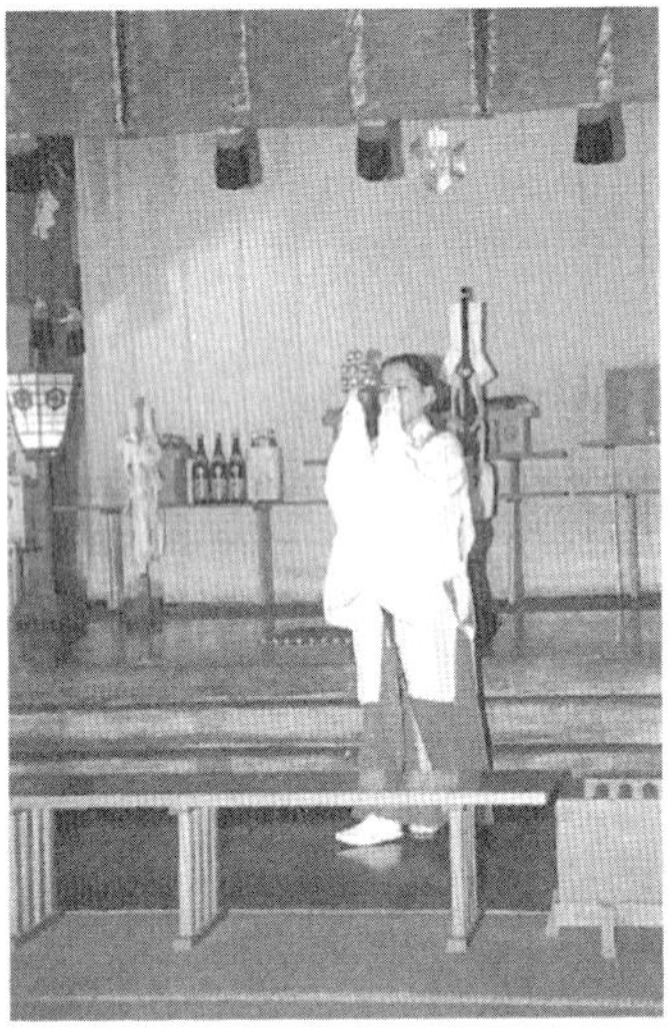

図28　巫女舞の基本型を伝える（出雲大社）

同時に歌舞の道に携はつて居りました。

わたしが本田説を支持するのは、第一人称の語りが、神が憑依したシャーマンの語りとして中国東北部に今も伝わっており、それは日本の基層文化・シャーマニズムの大動脈につらなる淵源《えんげん》の一つであるということにも、大きな理由がある。

旋舞による神がかり

そこで、能と神楽舞との関係を探るのも一方法である。日本の神楽の基本形は巫女舞《みこまい》にある。巫女舞はその場で右回り左回りに、回って回り返す。こうした旋舞《せんぶ》の激しさを増すうちに、やがて神がかり、跳躍するに至り、神託を下す。神がかりの過程を意識して真似たところに、舞い（マワルことが語源）と踊り（跳躍を主とする）は起源したと考えられる。ただ、神がかりを目的とするだけなら、わざわざ回って回り返す必要はなく、ぐるぐる一方向に回った方が早道であるが、なぜ順逆に回るのか。

実は韓国の降神巫《こうしんふ》である北部のムーダンも、世襲巫である南部のシンバンおよびタンゴルも、その憑依のテクニックは右回り左回りの旋舞によっている。さらに、この旋舞による神がかりは中国東北部のシャーマンにとって常套手段《じょうとう》なのである。

エヴェンキ族によると、シャーマンの旋舞の目的は右旋左旋とうずまく形で、宇宙の始まりである混沌の世界に入るためという。中国の巫覡《ふげき》の舞の基本とされる『八卦舞譜』によると、「陰陽を以て綱紀《こうき》（重要な規律）と為す」とあって、舞踊の動作のなかに〝左旋〟〝右盤（盤＝ぐるぐる回る）〟を必須とすることを記している。それは太極図のあらわす、天地がいまだ別れざる以前の陰陽混然の姿を示している。

満族の巫術と芸能

このようにシャーマニズムの中には芸能の萌芽がいくらでも散りばめられている。たとえば満（州）族の「出馬」儀式である。黒竜江省双城市で、その実例を見た。出馬は新しくシャーマンになって巫業に従事する意で、儀式により、神霊を呼び寄せ、シャーマンの候補者の体に憑依《ひょうい》させる。候補者にはご幣《へい》状のものをつけた神柱を手に持たせて坐らせ、脇に二神が太鼓をたたきながら三人称の神歌《かみうた》をうたう。二神とは脇役の助手で、太鼓と歌の名手でなければならない。神歌の内容によ

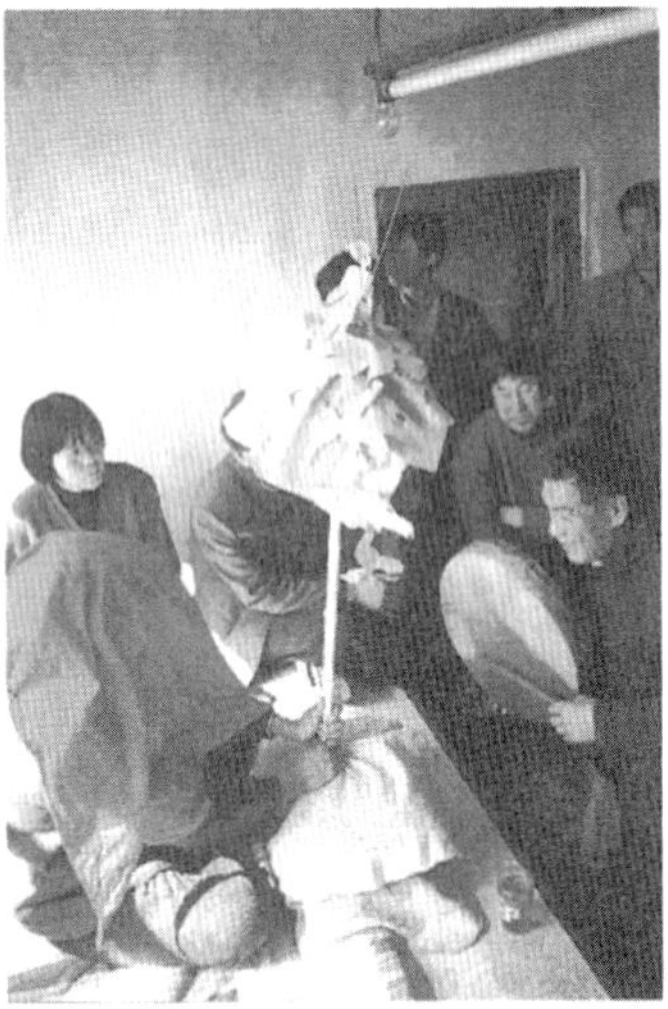

図29　満族の「出馬」儀式．右の男性が二神（黒竜江省双城市）

り、緩急自在にリズムを奏で、神霊の由来を七文字一句の神歌で長々とうたう。こうすることで、一般的に数時間、あるいは一日がかりで、ようやく候補者の体がぶるぶる震えだし、候補者に神霊《しんれい》が憑依する。ここで、師匠格のシャーマンが候補者に質問をしはじめる。すると今度は憑依した守護霊の口ぶり（第一人称）で、候補者が受け答えをはじめる。新シャーマンの誕生である。

この地方のシャーマンは「大神」とよばれ巫業としては、治病が多く、神がかり儀式は助手である「二神」とペアで行う。儀式の間、二神はずっと三人称の神歌をうたい、シャーマンに憑依した守護霊の身の上を紹介したり、シャーマンの動作を説明したりする。しかしシャーマンのように神がかって守護霊の口ぶりで一人称の言葉を発し、一人称の歌を歌い踊るということはない。いわば、シテ方にあたるシャーマンに対して、囃し方、解説役としてのワキ方に、どこまでもとどまるのである。ちょうど能のワキ方のワキの本義が、神意をワクこと、つまりそれを弁別して通訳する意味であったことと同じである。西郷信綱はワキとは「わきまふ」「わけ」「分く」「別く」と同義であるといっている。

大神は満族にとって、いわば民間のミコであるが、村の共同体である宗族ごとに一人は公認のシャーマンがいて、村の祭りを司祭する。祭りには屋内での家祭りと屋外での野祭りがある。家祭りは祖先を対象に行われ、野祭りは自然神や動物の神を祀る。鷹神や虎神、蛇神が憑依するたびに、シャーマンは虎神や蛇神として一人称の神歌をうたい、人びとの健康や病気直しの悪霊祓《あくれいばら》いを行う。きわめて演劇的なものまね要素が加わっている。ツングースー満語族のオロチョン族のシャーマンも満族同様、明らかに一人称の神歌をうたっている。

第一人称の神歌と夢幻能

王宏剛・関小雲の共著になる『オロチョン族のシャーマン』によると、神歌をうたいはじめたシャーマンに、二神と周囲の人びとも唱和し、やがてシャーマンの舞いの足取りが速まるとシャーマンは旋舞し、神がかって、神が人類に危害を加える悪霊と決死の格闘をする。ここにある女神がシャーマンに憑依した時にうたう神歌のごく一部を示す。

あなたたちは四方八方から、私のために沢山の供え物を持ってきて、
私は既に満腹になる。
私はあなたたちの幸福を祝福し、私の指示に従わば、
あなたは崖で鹿を射て、樺の林でノロジカを射て、
山の斜面で猪を射て、林の中で真直ぐ走って黒熊に会え、

（中略）

友よ皆、来年の春祭りに再び会わん。
我既に主人の体に降臨せり。我は再びそなたらの準備せし獣血を飲み、友の誰がこの獣血に口を付けるか今一度見ん。

祖先神が降臨した折の踊りでは、神歌の内容にともない「旋風のように舞い」として火を跳び、「豹の如く　岩をよじ登り」ではさながら猛々《たけだけ》しい豹が岩を躍り登る格好になる。舞いは祖先神の非凡な神力を、あてぶりで英雄のごとく力強く表現する。うたう神歌は、第一人称で叙事詩風、神は白雲に座して降臨し、神鼓をたたいて悪魔を追い払い、やがて九層の天に昇って帰る。

このように、第一人称単数で語られるシャーマンの歌が厳然として存在し、それは素面《すめん》

でありながら仮面劇の萌芽ともいえる内容であると認められよう。それは夢幻能の素地としての第一人称の語りと同じ文脈であるといっていいのではないか。

世阿弥は〝鬼の文化〟から新しい演劇を立ち上げた。しかし、その鬼は人間の対極にある悪鬼を意味する仏教の鬼からではなく、来訪神としての鬼や妄執《もうしゅう》の鬼であり、人間の鬼である。あくまで、第一人称の語りを基本とする来訪神の流れに棹さしている。

呪師芸と橋がかり

翁は呪師芸か

能勢朝次《のせあさじ》以来、翁猿楽《おきなさるがく》は呪師《ずし》の芸能を基本とするという考え方は根強い。確かに春日神社で興福寺修二会《しゅにえ》の折に演じられる翁舞《おきなまい》の名称は「呪師走り」である。しかし呪師芸は魔障《ましょう》を祓《はら》うことを目的とする呪術的なはげしい舞で、その点からいえば、いかにも老人である翁の舞にふさわしい、とはとてもいえない。

まず東大寺の修二会の中での呪師芸および走りの行法をみてみよう。行法を行う僧を練《れん》行衆《ぎょうしゅう》といい、呪師の役を担う。一般的に有名なのは、呪師が堂童子《どうどうじ》をつれて堂外の閼伽井《あかい》屋から香水《こうずい》を汲み取る三月十二日のお水取りであるが、十二、十三、十四日と堂内で達陀《だったん》の妙法がある。灑水器《しゃすいき》、柄香炉《えごうろ》、芥子《けし》、揚子《ようじ》、太刀《たち》、錫杖《しゃくじょう》、金剛鈴《こんごうれい》、法螺《ほら》を持った八天がつぎつぎに内陣内をはせめぐり所作をするのである。達陀帽をかぶっての練行衆の呪師芸で、たとえば大松明《おおたいまつ》を持った火天と、灑水器と散杖を持った水天とが向い合って、法螺、錫杖の伴奏に拍子を合わせて足踏みし、火の粉を散らしながら堂内を何回となく駆けまわる。達陀の語義は、ダダと地団駄《じだんだ》を踏む所作から名付けられたと思われる。

走りは、練行衆が差懸《さしかけ》をぬいで、袈裟、衣をたくしあげ、堂内を足袋で駆け足、行道して順々に五体板の上で膝を激しく打つ。これは己の体を地に投げつけて、罪障を懺悔《さんげ》し礼拝することを意味する。これを五体投地《ごたいとうち》という。

図30　修二会の呪師芸．八天のうち芥子天は芥子をまく（奈良市東大寺二月堂）

つぎに薬師寺の修二会と結願《けちがん》日の花会式《はなえしき》をみる。修二会には五体投地など練行衆の諸行事があり、花会式では薬師如来に諸病平癒を祈願して献花の儀があり、つづいて呪師の走りがある。法呪師が剣を天地にあるいは十字に構え、薬師三尊の須弥壇《しゅみだん》のまわりを刻み足

図31　花会式の呪師芸．呪師走りといい剣を手に走り回る（奈良市西の京，薬師寺）

で素早く走り回る。寺の「呪師作法旧記」によると、呪師は四天王を勧請《かんじょう》し印を結び乱声《らんじょう》の呪文を唱えて金剛鈴を振り剣をもってめぐるなど、すべて古密教的な所作を行っている。

　これら金堂内の行法が終わると、鬼追式。もとは堂内で黒赤青の三匹の鬼、今は堂外で五匹の鬼が暴れまわる。やがて兜《かぶと》をかむり鉾《ほこ》を持った毘沙門天《びしゃもんてん》が鬼を追い退散させる。

呪師芸をもどく

　薬師寺の法呪師《はずし》による剣を持っての走り芸は、今日各地の修正《しゅしょう》会《え》に伝承されている。土地土地で、これを「おこない」といったり、「田楽」といったり、「鬼会」と称している。わたしが実地に見た事例をあげると、静岡県引佐町寺野観音堂のおこない、静岡県水窪《みさくぼ》町西浦《にしうれ》観音堂の田楽、大分県国東《くにさき》半島の鬼会《おによ》、愛知県鳳来町黒沢阿弥陀堂の田楽、東京都三宅島御斎神社の八日祭（一月）などである。

図32　法呪師２人と左の背後に堂役がみえる（国東半島天念寺）

図34　木刀を使う「両剣もどき」
（同右）

図33　寺野のおこない．「両剣」
（静岡県引佐町寺野観音堂）

たとえば、大分県豊後高田市天念寺の鬼会では、僧である法呪師《ほずし》役二人が香杖と刀を手に祭壇をめぐり、正面で唱え言をする。壇下の堂役の一人が幣の束を手にして、法呪師のあとにつき、これをまねる。香水では、二人の僧が香杖を手に唱え言につれて床を踏み鳴らしながら香杖を打ち合わせたりして、きまりきまりのあるリズミカルな舞を舞う。香水など東大寺二月堂の達陀の妙法を連想させる。

さらに、寺野、西浦、黒沢などの剣の舞にはそれぞれ「もどき」がつく。真剣の舞に続いて、木製やワラ束の剣を使って先の舞を真似ておかしく演じるのである。天念寺の法呪師に対する堂役のようなものである。これこそがもの真似、つまり本来の猿楽芸であろう。その芸態はすべて激しく奔放《はんぽう》な乱舞《らんぶ》形式のものである。ちなみに、もどきとは『岩波古語辞典』によると「①うまく真似できないながら、真似する。②似て非だという様子を示す」とあって、はずれて、くいちがうまがいものの真似のことである。

まねて舞う

現行の翁芸を見るかぎり、スピードも力動感もなく、密教の呪師芸とはほど遠い。手に採るものも神楽鈴と扇で、密教の法具である金剛鈴ほかを手にすることはない。舞い方の印象も、どうみても神楽舞である。後藤淑は猿楽者が呪師芸を真似たことは考えられるが、猿楽者が呪師芸を引き継いだとは思わないといっている。

筆者も能の舞いはどうみても神楽舞に発しているとしか考えられない。

能はみずからの中に、物まねしてさまざまなものを取り入れた。呪師芸も、曲舞《くせまい》や白拍子《しらびょう し》の舞までも。『風姿花伝《ふうしかでん》』物学条々《ものまねのじょうじょう》の「物狂《ものぐるい》」の項をみると「この道の第一の、面白尽《ずく》の芸能なり」と、よりましの狂いの数々を示している。能では「狂い候え」といえば、舞うことを意味する。「班女《はんじょ》」、「隅田川」、「花筐《はながたみ》」みなそうである。舞いが、原初的な神がかりの狂う動作からきていることは先に述べたとおりであり、岩戸の前の宇受売《うずめ》の神がかりに通じる神楽の巫女舞が原点にある。このことからも、能の基本が舞いにあることがわかる。

唱導劇か

夢幻能の成立は、仏教の教義を唱導するための勧進聖の説教話を移行させたものとする考え方がある。確かに、奈良県当麻寺《たいまでら》の練供養や東京都世田谷区奥沢の九品仏の二十五菩薩来迎会などを見ると、極楽世界の仏菩薩の来迎を目のあたりにする。また、千葉県光町広済寺の鬼来迎《きらいごう》では、閻魔《えんま》の庁や賽《さい》の河原、死出の山まで登場して、罪人が赤鬼、黒鬼に追い立てられ、身の毛もよだつ地獄劇を展開させる。しかし、こうした唱導劇は、いかにも具体的で直接人びとの心に響くとはいえ、夢幻能の象徴性とはほど遠い演劇化の道をたどっている。

鬼能と世阿弥

修正会《しゅしょうえ》や修二会《しゅにえ》の追儺《ついな》式を担当した呪師猿楽の徒が、まず唱導劇としての鬼能《きのう》を成立させ、鬼能を原点に夢幻能を完成させたとする考え方もある。追儺式は勧進聖《かんじんひじり》による勧進興行の場で行われた。確かに猿楽の徒はそこに参加し鬼能を演じているが、鬼能はむしろ田楽の方が主に演じ、大和猿楽もかつてお家芸としたにもかかわらず、世阿弥は「こなたの流には知らぬことにて候」と語気強く拒否している。世阿弥は鬼を人間の執心によって生ずるものとしているのである。

興行を支えた基盤

勧進猿楽は、寺社の建立や改修の費用を得るために、入場料をとって猿楽を見せることにあった。勧進には田楽《でんがく》・曲舞《くせまい》・平家などの芸能も取り上げられた。鎌倉時代の末ごろは、寺社領が減少しつつあったときで、興行によって収入を得るためには、女曲舞、白拍子、女性による女猿楽もあり、『看聞御記《かんもんぎょき》』や『蔭涼軒日録《おんりょうけんにちろく》』には、十五世紀中ごろの勧進猿楽の様子が描かれている。女房狂言の勧進などは見物人が千四、五百人もいたという。入場料を払ってまで、初期はともかく、地獄に堕ちた者の救済を目指す唱導劇を見にくるとは考えにくい。一時的とはいえ、稚児《ちご》猿楽や若衆《わかしゅ》猿楽の流行などもあった。勧進興行は、収支がこれを左右したのである。

南北朝時代から室町時代初期のころ、世阿弥も神事猿楽で能を支えていたが、一般観衆から、将軍・大名・公家たちへと、新しい支持者にあうような能楽を心がけていた。観阿弥作といわれる「自然居士《じねんこじ》」のような説教者の説法や雑芸といった生々しい現実社会から題材を求める曲目はしだいに姿を消し、世阿弥時代には文芸作品から題材を求め、幽雅な型の完成、様式美を目指すようになり夢幻能を完成させていったのである。

夢幻能の成立過程をみると、原初的な憑子《よりまし》の狂いの舞からどんどん離れて芸術化の道をたどっているが、基調は民間の〝死と再生〟という神事の仕組みを追っている。当時の歴史的潮流に乗せて、亡霊供養の形をふまえてはいるが、夢幻能は、前シテが鏡の間か、舞台の作り物の中へ入って、再び後シテとして登場する前後複式構成で、それは、古代から現代に至るまで民俗一般に見られる〝死と再生〟の図式そのままといえる。

神部屋・楽屋と作り物

鏡の間は姿見の鏡が置いてあるのでその名があるとはいえ、花祭りの神部《かんべ》屋《や》と呼ぶ楽屋と類似している。神部屋では、仮面や小道具がシメをはって祀られ、神が勧請されている。今の能楽の翁でも、翁や三番叟《さんばそう》をつとめる者は潔斎《けっさい》をし、鏡の間には翁の面を神のごとく安置し、餅や神酒を供える。これを翁飾りという。鏡の間はとくに神聖な場所とされ、衣裳は楽屋でつけるが、面は翁を除いて、どの面も鏡の間でつけるならわしである。

神の姿を仮にあらわす時に仮面を使用するのは当たり前のことであるが、初期の猿楽には神が出現する内容のものはなく、はじめて神が出現する内容のものが生まれたとき、まず舞台で仮面をつけたのではないか。翁の面に限って衆人環視の中で儀式ばって面をつけるのはそのためであると、後藤淑はいう。

能の作り物のなかで最も古くて素朴なのは、竹を四本四方に立てて、引廻しの幕をかけた「山」というものだろう。「山」を原型として塚も岩も庵も藁屋も、ひいては宮や屋台も、道成寺の鐘もできたと考えられる。前シテがこれらの作り物の中に入って姿をあらためて後シテとなってあらわれるのは、花祭りの大神楽で行われた「浄土入り」とか、「生まれ清まり」を思わせる。

籠り屋にかかる橋

鏡の間が、楽屋でありながら人間がこの世の常ならぬ神に変身する籠《こも》り屋であるとするなら、鏡の間は神部屋としての他界である。橋懸りの橋は、他界との通路とみなしてよい。戸井田道三《といだみちぞう》は『能　神と乞食の芸術』で、

能のシテたちも、橋懸りを渡ってくるからシテたりうるのである。もし地謡や後見のように切戸《きりど》（舞台の奥、橋懸りの反対側にある小さな出入り口）から出てきたりしたら、彼らはシテとしての資格を観客によってあたえられることはないだろう。（中

略）われわれは待っている。そして、その待っている心にこたえて他界からあらわれてくるものがある、という暗黙のうちの了解がある。それは、祭の庭に神の国から特定の神がやってきて、われわれに祝福をもたらして去るとする観念が下敷となってでてきた了解だ。橋懸りと舞台との二部分によって構成され、観客席へつき出た構造は、以上のようなわれわれの精神史と密接な関係にあったのである。

と記す。鏡板《かがみいた》には松、切戸には竹を描き、橋懸りに神を招く常盤木《ときわぎ》と思われる三本の松を立てるなど、すべて神事とのつながりを暗示させる。囃し方や地謡方が舞い手といっしょに舞台の上にいるのも、舞台と見物席を幕で仕切らず舞台が正面と脇正面との見物席で囲まれているのも、むしろ祭りの雰囲気である。

神と人とが交錯

祭りの庭の延長という意味では、ことに寛正四年（一四六三）の糺河原《ただす》勧進猿楽が参考になる。舞台正面に神の座がつくられ、桟敷が舞台を囲み、橋懸りは後方につけられている。図35をみても、能の舞台が神とともに喜び楽しんだ祭りの場であり、娯楽の場であったことが明らかである。舞台正面の神の座はこの世に在住する神を祀る。一方、他界からいっときあらわれてまたあの世に消える神、あるいは霊、そしてまた故人の仮の姿であったりするのが舞台上のシテである。

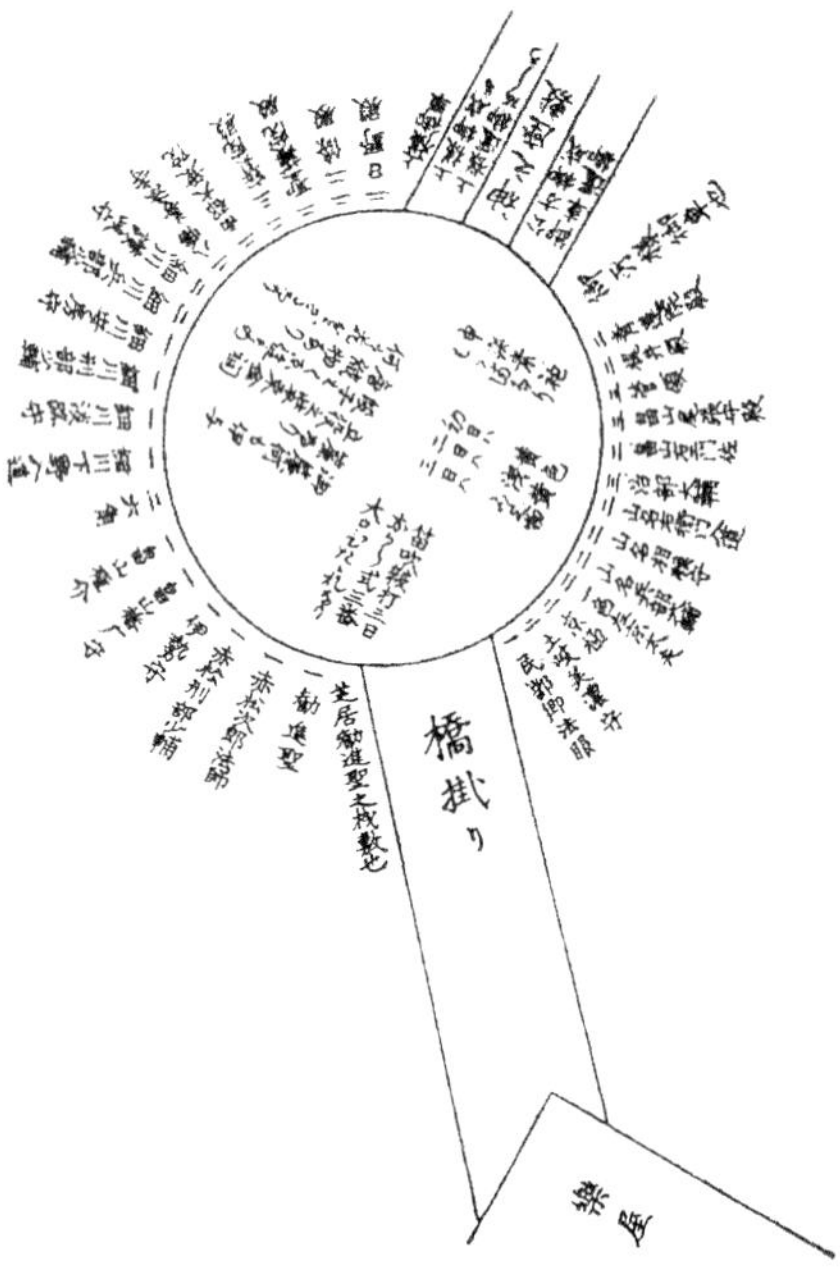

図35　寛政4年勧進猿楽図

能の発生は、大社大寺を経済的基盤として、後戸《うしろど》の神と深くかかわる神事猿楽を基点に置いている。後戸の神は宿神ともいわれ、宿神とは「宿借り」神事とも関連する神であるとわたしは思う。

後戸の空間は、〝宿〟であり、他界からの来訪者の出入口である。後戸の空間と他界を結ぶ通路を視覚化すれば、能の橋懸りとなる。それは花祭りの「白山」から三途《さんず》ノ川にかかる「無明《むみょう》ノ橋」に相当する。能の橋懸りが後方にかかっていた不可解さは、こう考えることで解けるのではないか。翁も鬼も、故人の霊も、こうして「無明《むみょう》ノ橋」から出現する。霊の去来、霊魂（タマ）の飛来を具現化した装置、それが能の橋がかりである。

タマの去来と季節風

飛来するタマ、死と病

オニのイメージを生み、増幅させたのは平安貴族である。彼らは都会に住み、生産にはまったくたずさわることのない遊民ともいってよい階級で、物怪《もののけ》の世界に常に時間をさいている。

貴族の死穢過敏症

平安中期の公卿《くぎょう》に藤原行成《ゆきなり》という人がいる。寛仁四年（一〇二〇）には権《ごん》大納言にまでなり、日記『権記《ごんき》』は、政務手続きや一条天皇や道長との交渉をよく伝えるものとして知られる（『史料大成』所収）。『権記』の寛弘八年（一〇一一）七月八日の記述には一条天皇の葬送のもようが詳しく書かれている。六月二十一日に亡くなった天皇の棺は院の御所の西北の小門でつくられ、葬送の日取は七月八日と決まり、荼毘《だび》に付す火葬場の方向は西北・乾《いぬい》とされた。七月八日の深夜、棺を輿に乗せて、乾の方角へ向かう。

驚かされるのは、乾の方角への徹底したこだわりである。葬列はまず乾の方角の築垣《ついがき》を壊して、一条路（一条通り）へ出る。大宮通りを北に折れ、世尊寺通りを西に折れてと、何が何でも乾の方角へとジグザグと道を折る様子を詳しく記し、ようやく喪所につき、荼毘に付す。翌、七月九日の記述では後で聞いた話として、人魂が二つ御竈殿《みかまでん》に落ちたとか、この夜一宮に伺候していた惟通朝臣が見た人魂の話を載せている。それは葬列が出たあとで、しばらくして殿の上から人魂が出て、西北の隅に向かって飛び去ったという。

王朝貴族たちの死穢《しえ》に対する過敏症についてはすでに高取正男《たかとりまさお》の指摘がある（『神道の成立』）。高取は死穢をきびしく忌み、ケガレとする意識は奈良時代末から貴族たちのあいだに歴史的に成立したもので、その萌芽は記紀の所伝にも散見するが、本格化したのは奈良時代の末であるという。記紀の所伝とは、イザナギ・イザナミの黄泉国《よみのくに》訪問譚のことである。イザナミが火の神カグツチを産んだときの火傷がもとで死んだとき、イザナギが黄泉国まで追って行ってそっとのぞいたら、イザナミの身体に膿《うみ》が湧き蛆《うじ》がたかっていたので、驚いて逃げ帰り、日向《ひゅうが》の橘の小門《おど》で禊《みそぎ》をした話である。

しかし、『魏志』倭人伝には、三世紀の日本の状態を伝え、倭人は人が死ぬと一〇日あまり、遺体を安置し、肉食をつつしんで喪主はその前で哭《な》き、他のものは歌舞飲食をしたという。記紀にもあるアメノワカヒコが死んだとき遺体を喪屋《もや》に安置して八日八夜の遊びをした、という話に通じる。

縄文中期の祖霊観

考古学者の春成秀爾《はるなりひでじ》は、関東地方の縄文中期末から後期前葉に限って、一個の墓穴から数人ないし十数人分の骨を合葬した例が少なくないことに注目した。秋田県大湯《おおゆ》の環状列石についても、これを環状配石墓地とし、二つあるそれぞれ一ヵ所の「日時計」とよばれる立石の周りに棒状の石を放射状に置いた遺構を、多人数合葬墓であったろうと予想し、祖先の骨の集合体は祖霊の宿るところであり、その祖霊は集団の守護霊であるとした（「狩猟・採集の祭り」『古代史の論点5』）。つまり、人骨に特別な感情をいだき、特定集団への帰属意識＝アイデンティティーの象徴とする歴史は、縄文時代までさかのぼると考えたのである。

やはり縄文時代中期の青森県三内丸山遺跡では、居住空間である集落の北西の隅の広場に建つ六本柱から東、西、南の三方向に向かって伸びる道の両側に死者がずらりと葬られている。ムラの葬所、広場、辻、道にはムラを守護するカミや精霊が祀られている事例は、考古学の事例を越えて、民俗学はいうに及ばず民族学面でも、枚挙にいとまがないくらい多い。これらのカミや精霊は、オニとも未分化な死霊がかかわっている。

疾病と御霊

死霊には祖霊（善鬼）や夭折者（悪鬼）が含まれる。悪鬼には行路の途中で思いもかけぬ事故や病いで死に、この世に思いを残してタタリなす行路神となったものもある。行路神は「道俣《ちまた》の神」とか「塞《さえ》の神」ともいわれ、疫病神の側面がある。先に蘇民将来《そみんしょうらい》の伝説は、疫病神信仰の一面と祖霊信仰の一面をあわせ持つことをいった。全国の祇園社の信仰は、疫病神である武塔《むとう》神・スサノオの伝承を引いている。武塔神は宿泊を快く受け入れ歓待した者を守護したが、実は疫病を発生させる疫病神それ自身でもあり、複雑な性格をもつ。

人口の過密な都会においては、流行病は大変なことになる。平安中期の貴族社会では、疫病神を道俣の神として祀り、「御霊《ごりょう》」とよんで、御霊の鎮送にやっきとなった。疫神信仰の成立には陰陽道の影響が欠かせない。

御霊は怨霊《おんりょう》の中でも疫病を発生させる原因と考えられたが、タタリを中心にした平安時代の怨霊はモノノケとも記されている。ケというのは気配《けはい》といった気体的な様子をさすので、モノ＝鬼・霊の気の意である。霊は死霊《しりょう》に限らず生霊《いきりょう》もあり、人にとりついて悩まし、人を病気にし時には死に至らせる。モノはヒト以外の

モノとタマ

存在もさす。古代においては、人間的であるよりはむしろ動物的な精霊をいい、反人間的な働きをする下等なタマである場合が多い。たとえば大物主といえば蛇霊でもあり、人格的な色彩は希薄である。スサノオにしても蛇霊の面影がある。下等なタマには動物霊的なタマがあった。狩猟民は動物の生命の根源を心臓もしくは肝臓にみとめて、神への供物とする。柳田国男は、神からの賜物《たまわりもの》としての獲物の分配を意味するタマスあるいはタマシに、日本人の霊魂観の淵源を求めている（『食物と心臓』）。

先に縄文時代に祖霊信仰の存在を想定したが、実はこれとて個人というものの自覚が不十分であった時代には、一種の集合的表象に過ぎず、多分にトーテム的集団の始祖信仰が予想される。たとえば縄文晩期の新潟県青海町寺地遺跡から二次葬と思われる特定墓域で人焼骨と共にサメやクマ・シカ・イノシシなどの焼骨が共に出土し、人と魚類・獣類とが密接な関係にあり、トーテム信仰がうかがえる。この墓域は一次葬である埋め墓を北西域にして東南に接続し配石した聖地で、四本の巨木も立っていた。この遺跡は西北の季節風と西北・東南軸を強く意識した遺跡である。中国で祖霊観が確立したのは青銅器時代とされるが、殷《いん》代初期の卜辞《ぼくじ》には祖霊の示す威徳を動物霊的な語を用いて表現している。祖神が吉凶禍福を左右する呪力をもつだけでなく、疾病の原因とされる例すらあり、モノやいわゆるオニに近い存在であった。

タマが飛来するのは、人魂だけでなく、イナダマ（稲魂）もそうであり、タノカミもウカノミタマ（宇迦之御魂）と表現され、人格的な概念が加わると保食神《うけもちのかみ》とか豊受大神《とようけのおおかみ》となっていく。カミとタマとのつながりは深く、タマが飛来するように、カミも他界から飛来して憑依する存在でもあった。オニも飛来するタマにはちがいないが、この世の異界でうろつく下等なタマである。依代《よりしろ》といい、招《お》ぎ代《しろ》といい、カミ観念の発生は、見えないカミ＝タマが他界・異界から飛来して有形の物や人に憑依し、霊力を示すことからはじまる。

修験の憑祈禱

修験道の憑祈禱《よりきとう》では、憑りましや病者に憑く憑きものとして、童子、神、老人、鬼、動物などが護法として顕現する。護法とは元来、仏法を護持することをさす言葉であったが、仏を守り、仏に従う神格もさすようになった。天狗とか鬼、烏や犬、蛇、管狐《くだぎつね》（想像上の小さな狐）など、修験者はこれらを護法につけて自由に使役した。命蓮上人《みょうれんしょうにん》は毘沙門天の眷属・剣の護法童子《ごほうどうじ》をつかわし、帝《みかど》の病を癒した。

岡山県久米郡中央町の二上山両山寺《にじょうざんりょうざんじ》の護法祭は、憑祈禱の面影を今に伝える祭りとして知られる。護法付けの修験者と憑けられる護法実《ごほうざね》が組をなしている。宮家準《みやけひとし》は護法を三通りに分け、仏教的な護法と、熊野の霊鳥《れいちょう》・神烏《しんう》の護法のように山の神そのものである

図36　両山寺の護法実は烏護法ともいわれる（岡山県中央町，両山寺護法飛び）

いは山の神のミサキの性格をもつもの、それに対して両山寺の護法を山岳霊場の地主神としてとらえた。そして、仏教的な護法より、山の神や地主神の神格の方がより普遍的であると位置づけた（「修験道とシャマニズム」）。

役小角《えんのおづの》は「鬼神を駈使《おいつか》ひ、得ること自在」（『日本霊異記』）といわれ、修験者は守護霊や使役霊を使用して、悪霊を除去する。『宇治拾遺物語』（巻第一の九）では、心誉僧正《しんよそうじょう》に仕える護法童子が宇治殿（藤原頼通）に憑依した悪霊を追い払っている。

烏護法の神がかり

両山寺の護法実では、修験者と山主である住職とが護法実に神憑けを行うが、烏護法《からすごほう》とも言われるように地主神である護法神に烏が投影されている。本堂外陣隅で手に榊を持って座る護法実の周りを、子供たちが「サラオニ、バラオニ」と唱えてまわり、修験者が護法実の耳元で法螺《ほら》を吹き、錫杖《しゃくじょう》をふる。山主はその間、内陣で秘密の修法を行う。太鼓の音が速くなり、子供たちの右回りの旋回がめまぐるしくなると、護法実は両脇から支える腰抱きを振り切って、両手を羽ばたくように拡げ境内に飛び出す。護法神が憑いたのである。

ひとたび神がかりの状態になると、護法実の目の前でストロボをいくら閃光《せんこう》させようと、まばたきもしない。瞳孔は開きっ放しである。これは島根県大元《おおもと》神楽でも経験している。また、神がかりに腰抱きはつきもので、大元神楽ではその役は世襲であった。

修験者により使役される守護霊・護法童子は、飛来する尸童《よりわら》であり、陰陽師の式神《しきがみ》に相当する。護法実は主神に対する従者として、その命に服する者である。この場合、護法実と、護法実に守護神を憑ける者＝修験者とがいるわけであるが、守護神は修験者の守護神である。いずれにしろ、護法実とは人間が他界や異界と交渉したり情報を得るために不可欠なシャーマニズム文化の一環に存在するものである。

護法実は後戸の神

先に後戸《うしろど》の神・宿神にちなんで、オモテとウラの神について触れた。家・屋敷にはさまざまな神がいる。その折、オモテの人格神よりも、台所の神である水神、火の神、竈神《かまどがみ》、納戸神《なんどがみ》といったウラの精霊たちこそ異界につながる原初的なカミであるといった。飯島吉晴はそれらのカミを「異界と此の世の境の神」と位置づけている（『竈神と厠神《かわや》』）。この異界とこの世の境の神の延長線上に、未だ秩序も無く混沌の闇の中をたどるのが後戸の神であり、護法神であろう。それは「極楽浄土の戌亥《いぬい》の、いかにも暗き所へ」連なるオニであり、カミである。伽藍の後方や屋敷の背戸で、伽藍や屋敷を守護する神霊である。

タマカゼとカミの去来

これまで、祖霊や鬼、神が鎮まり去来する方位として、戌亥《いぬい》隅信仰といってよい信仰があることに注目してきた。そうした思想の文献上の初見

戌亥隅の初見

は『丹後国風土記』逸文に見える天《あま》の真名井《まない》の伝説と思われる。

これは羽衣《はごろも》伝説の一つとして有名な話で、昔、丹波の国、天の真名井に八人の天女が降りてきて、天の羽衣を脱いで水浴していた。天女の一人が羽衣を盗まれて天へ帰ることができず、結局、羽衣をかくした老夫婦の家で娘として育つ。天女のつくる酒が万《よろず》の病によいということで家が富むという話である。この天の真名井は「丹後の国丹波の郡。郡家の西北の隅の方に比治《しじ》の里あり。此の里の此治山の頂に井あり。其の名を真奈井と云う」と

あって、ここでも西北の隅が重要な方位となっている。そのうえ、この天女は豊宇賀能売《とようかのひめ》ということであるから、穀霊神が井泉に天下りされたと考えていい。

これは各地に今日でも伝承している戌亥の甕《かめ》の酒とまったく同じ思想である。たとえば、千葉県の白間津祭りでも「……そのや米を酒にして戌亥の角に亀（甕の当て字）七つ、七つの亀を見てやれば、酒の泉がわきいづる、わきいづる。其のや酒呑む人は老も若きも残りなく、命長かれ、末繁盛、末繁盛」とある。

神霊は風とともに

ところで、『宇治拾遺物語』（巻六の第二話）には戌亥の方角から吹いた不思議な風のことが記載されている。一条摂政が堂を建てようと塚を掘りくずさせると、石の唐櫃《からびつ》があり中に若く美しい尼の遺体が横たわっていた。そこで「人々立《たち》こみてみるほどに、乾の方より風吹ければ、色々なる塵になん成《なり》て失《うせ》にけり」ということなのである。美しい死者に辱《はずかし》めを与えるのを、この屋敷の祖霊が、戌亥の方角から風となって出現し、一族の者の死体を持ち去ったのだ、と三谷栄一は解した（『日本文学の民俗学的研究』）。

風と死霊を結びつける考え方は柳田国男にはじまる。柳田国男は「風位考《ふういこう》」で、まず「アナゼ」に着目した。戌亥から辰巳《たつみ》に向かって吹く風をアナゼといい、日本海側では出雲から南に下って九州の海岸、瀬戸の内海、東は摂津の西宮に及んで、紀州の日高郡にもあるという。そして、アナゼはアナシともいい、アナは昔から驚きの音であったから、これを悦ぶ風と解するのはむつかしく、予想せぬ風であるゆえに、常に不安を抱いて神に祷《いの》ることになったのであり、大和の纏向《まきむく》の穴師山《あなしのやま》をはじめ、和泉《いずみ》、伊賀、伊勢、若狭などの穴師神社は、もと風の神を祀《まつ》ったものと解される。大和の穴師山の地形からいって、あの山が風神の本拠であったと想像するにかたくない。都の西北に当る竜田・広瀬の両社が風神を祀るのも、日本という国が西北から悪風を受けることと無関係ではないとしている。

一方、北部日本海岸のほぼ全体にわたってタマカゼという名称の西北の風があり、タマは霊魂のことであるから悪霊が吹かせる風という意味らしい。「アナジに遭った」といえば、西北風の悪い風に遭ったという意味で、難船の同意語である。屋敷の中でも乾の隅が怖いために鎮守を祀ったりするが、この方角が恐るべきものとの理由は、鬼が住む霊魂の帰り行く方角であるからである。

西北の霊風

以上の柳田に対して三谷栄一は「アナジにしてもジ・セは風といはれ、アナは怖れるばかりでなく、アナ尊《とおと》と祈る言葉の用語例もあるほどで、神聖な神に対して祈りささげる詞であつて、悪い意味は、この言葉そのものには含まれてゐない。良い霊風にも称へてよかつた名であつた」とし、タマも上代の用語例として悪霊とばかりは意味しなかったので、西北の風・タマカゼもアナジと同様に悪風ばかりとはいえなかったとした（先出書）。

早川幸太郎《こうたろう》は、ある地域に限って吹くワタシ風、マツボリ風、ホマチ風のような風は、その風の起こる動機として神または霊魂のなす業《わざ》とする地方が多くあるといっている（「農と祭」『全集八』）。福井県大飯《おおい》郡大島では有名な「ニソの杜《もり》」信仰があり、祖霊と考えられるニソの神を共同で祀り、旧十一月二十二日の深夜献饌《けんせん》をニソの杜の祠《ほこら》に供える。この日は必ず荒天で、海も荒れる。同様に、二十三日の夜を、祖神を祀る日とする若狭から中国山地の東部にかけての地域もあり、この日はダイシコ吹きという風が吹くという。旧十一月二十三日の夜から二十四日にかけて、この日を大師講とよび、尊い旅人が村々を訪れるとする地域は全国的である。二月八日や十二月八日をコトの神が訪れる日といい、「八日吹雪」が吹くとするところもある。

風で寄り来る神

岐阜県揖斐《いび》郡徳山村ほかの同郡の山村では、十一月の初めごろ、氏神が出雲から帰られるので「御神楽荒れ」といって天気がよく荒れるという。出雲へ行った神々が風に乗って帰ってきたという地方は、静岡県河内村、鳥取県国英村などにも伝承が知られる。

小倉学は寄り神とか漂着神には、アイ（東北）の風に乗じて漂着したと伝える例と、西北風にながれ着いたとする例があり、年に二度、石川県珠洲《すず》郡西海村のように、三月、十月の周期で西北風が吹き荒れ、これを「西ながれ」と呼んで神が寄りつく風とするところもあるという（「能登国漂着神考」『国学院雑誌』五十五巻三号）。

風には悪霊と考えられる面とともに、明らかに祖霊を乗せてやってくる祝福の風もあったのである。かつて、私がニソの杜の調査に訪れたときも、旧暦を新暦にかえて十一月二十二日に行っているにもかかわらず時折ミゾレも混じる悪天候で、これを「ニソ荒れ」といった。杜は決してひとりでは行かぬものだという伝承があり、それにあんな恐ろしげなところは行けるものではないという。ああしたところは、昔のサンマイ（埋葬地）の跡で、祠は大島を開発した家々の祖霊を祀るところだと、いわれる。

竜蛇と太陽

出雲の佐太《さた》神社の神在祭《かみありまつり》は、祭りの間は「お忌《い》み荒《あ》れ」で、西北の風が吹き、海が荒れるといい、近くの海岸に必ず海蛇（セグロウミヘビ）が打ち上げられる。これを「竜蛇様《りゅうじゃ》」といい、竜神の使いと信じられ、神社でこれを祀り、参詣者はこれを拝む。セグロウミヘビは背は黒いが、腹は黄色で、海中では光かがやいてみえるという。太陽の子である佐太大神を、セグロウミヘビは象徴しているのであろう。

佐太神社の祭神・佐太大神は洞穴で誕生した。『出雲国風土記』の嶋根《しまね》郡加賀郷《かがのさと》の条によると、加賀の潜戸《くけど》とよぶ海辺の洞穴内に朝の太陽光線が黄金の矢となって洞穴を射たとき、佐太大神は生まれた。太陽の洞穴から生まれた佐太大神を祀る神事が、四月と十月という半年周期型の神の去来表象の神事であることは、かつて春分、秋分の太陽信仰を基盤としていた神事が時期を移行したものとわたしは考える。佐太大神は太陽神であり、竜蛇とも結びつく。

図37　竜蛇様とよばれるセグロウミヘビ（島根県鹿島町，佐太神社）

お忌祭りと妖怪

佐太神社の神在祭は一名「お忌《いみ》祭り」といわれ、祭りの期間中、理髪、爪切など刃物を体にあてず、針をつかわず、障子を張り替えたり、壁を塗ったりすることを禁じ、歌舞音曲の停止などさまざまな忌《いみ》がある。もしこれを破ればカラサデババア（あるいはカラサデジイ）に便所で尻をなでられるという。カラサデババアは妖怪の一種である。わが国では二月と十二月八日の八日を「コト八日」といい、コトは神事のコト、つまり祭りを表し、この日はコトの神が去来する。コトの神は、ミカワリ婆さんとか一つ目小僧とかいわれる妖怪であるとする地方と、農神《のうかみ》で、山の神・田の神・地神《じじん》さまだとする地方がある。春のコト八日は節分にも近く、鬼が出てくる節の変わり目の季節といえる。

ミカワリ婆さんは、柳田国男によれば、神の祭りに適するように、人の身が変わるということ、すなわち物忌みにあたるものであったという（『年中行事覚書』）。一つ目小僧がやってくるのを防ぐためには、家々の軒先に目籠《めかご》をかかげ、目の多い籠で一つ目の妖怪を退散させるのだとする。しかし、目籠は折口信夫の「髯籠《ひげこ》の話」によると、太陽の物忌みに天道（太陽）の依《よ》り代《しろ》として祀るものであったことが明らかである。

この二月八日、十二月八日は、針に関するいろいろな習わしを伝えている日でもある。京都府の北海岸あたりではフグが竜宮の乙姫の針を盗んだため放逐された日だといい、鳥取県では盗んだフグが海岸に吹きよせられるといっている。東京ではコンニャクに針をさしてこの日流すと、裁縫が上達するといったりした。また、針の使用を忌み、針供養《はりくよう》といって豆腐に使い古した針を刺したりする。わが国のミカワリ婆さんやカラサデ婆さんに対応するものが韓国のヨンドン婆さんであると、わたしは考える。三品彰英《みしなあきひで》は、ヨンドンに対して、竿の上に灯をぶらさげて燃灯祭《ねんとうさい》といっているが、最初の意味は「竜童」であり、「竜神」であったろうと考察している（『古代祭政と穀霊信仰』）。

韓国の済州島《チェジュ》では、ヨンドン神は風の神をあらわし、はるばる中国江南の天子国からやってくる風をさすが、それは北西季節風のことで、この風が吹くと雨の多い季節を迎えるという。陰暦二月を別名ヨンドン月といい、この月になるとヨンドン神が中国江南から済州島へ海山の見物に来るが、この神は蓑笠《みのかさ》をつけておいでになったので、雨が降ったといわれる。

竜の目を刺す針

陰暦二月ではなく、正月の初辰《しょしん》の日ではあるが、この日は針供養をしてはならないとする伝承が、ソウル、水原《すいげん》、青陽《せいよう》地方にある。針仕事をすると竜の目を刺す恐れがあり、もし目を刺すと竜が昇天できなくなるばかりか、竜が怒って雨が降らず旱魃《かんばつ》になり凶作になるので、農村では決して針仕事をしないのだという。

実は中国では、古くから春秋に竜の去来表象がある。『説文解字《せつもんかいじ》』によれば、竜は春分に天に昇り、秋分に淵《ふち》（水界）にもどる。神霊の通路が、しばしば穴であることをつきとめたのは三品彰英であったが、この点、竜（蛇）と太陽は同類である。太陽の洞穴における伝承はしばらく置くとして、陰暦二月、太陽暦で三月六日前後を啓蟄《けいちつ》といって冬ごもりの虫がはい出ることをいうが、蛇も穴から地上に出、竜も頭を擡《もた》げる。これを「竜擡頭《たいとう》」という。竜の去来の季節は春社・秋社の社の祭りの時期に重なる。

田の神・山の神の去来

春社・秋社をわが国では社日《しゃにち》という。社日は、春分・秋分の日にもっとも近い戊《つちのえ》の日をいう。中国での社神は、夫婦の土地神で田公・田婆ともよばれ、田神《でんしん》、つまり田の神でもあった。ただし、中国の田の神は、畠作、稲作共通の農耕守護神である。

図38　社日の祭壇（群馬県大泉町，社日神社）

民俗学では、わが国の社日信仰は後に中国から伝承したもので、同じころすでに固有信仰として田の神・山の神の去来信仰があったとする立場を固執している。しかし、わが国へは稲だけが渡り、祭りはともなわなかったとは思えない。春社・秋社の祭りは稲作文化に密着するものであり、わが国への

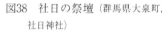

図39　コト八日の目籠（千葉県佐倉市）

稲作渡来時、すでに社日信仰はあったのだと思う。

竜、西北隅より昇天

中国地方の田の神・サンバイが、太陽を父、竜を母として生まれ来ったという伝承なども、大陸・中国の伝承と無関係とは思われない。竜は春分の太陽に比せられ、四神のうち青竜は東方に配され、「春に万物が生じることを主《つかさど》る」（『石氏星経《せきしせいきょう》』）とある。わが国では『扶桑略《ふそうりゃっ》記《き》』（寛平元年（八八九））によると、天子の御世を寿《ことほ》ぎ、天子の色である黄色の竜が西北・乾《いぬい》の角の山中より昇天した（白乾角山中黄竜騰天）と見える。

この竜が去来する社日には、針仕事に限らず仕事を休み忌《い》み籠《こ》もることは、すでに唐代に「今朝社日針線《はりいと》を停《とど》む」（「呉楚歌詞」）とある。中村喬は、社の神に竜神形の神「句《こう》竜《りゅう》」を祀り降雨を祈ったが、後に擬人化された神があらわれると、旧来の竜はその神の座を追われ、神の敵役に堕落し、退治される側になったと指摘している。

柳田によれば、コト八日は本来神の去来する日であったが、神が一つ目小僧とかミカワリ婆さんとなって零落したことで、神を迎えるために忌み慎んでいた人びとが悪霊を恐れて家に閉じ籠もるに至ったのだという。

春秋に来訪する祖霊

祖霊とされるカミが去来するのは、現在、正月と盆の二つをサイクルとする一月・七月の周期型である。しかし、これは明らかに後代の中国漢民族の道教的な暦法の影響である。それ以前にわが国への稲作文化をもたらしたのは江南のミャオ族・トン族など少数民族の稲作文化によるもので春分・秋分重視の神の去来型である。彼らは稲の刈り入れ、すなわち新嘗《にいなめ》が正月である。現在でも稲の刈り入れを正月とする地方も残っている。彼らの暦は三月・九月の周期型である。『魏志《ぎし》』倭人《わじん》伝《でん》にいう春耕秋収の生産暦も、いわばこれにもとづいている。

船出式と天鳥船

「鬼の杖と宝物」の章の「宝と五穀は他界から」の節の中、「神在祭の宿借」（六七ページ）で示した神在祭の「宿借神事」の前段階に、神目《かんのめ》山における船出式がある。神目山は社の戌亥《いい》の方角にある。船出式とはいいながら、神名火と思える神聖な山の上で、三羽の鳥を水夫《かこ》として送られる。神鳥によって送られる神とは何か。

珍敷塚《めずらしづか》装飾古墳には、有名な天鳥船《あまのとりふね》とおぼしき舳先《へさき》に鳥のとまった船が描かれている。古代においては、川向こうや、海の彼方、山の彼方に他界があり、鳥や船によって魂が運ばれたのである。現行の民俗例では、墓地の竿に鳥がとまり死霊を他界に運んでいる。

竜蛇の去来

佐太神社の春秋の「宿借神事」は祖霊の来訪を示したものであり、戌亥の方向にある神目山に神送りすることは、祖霊を他界に送る意味がある。その際、竜蛇の去来をどう考えるか。竜蛇と太陽との結びつきは先に触れたが、竜蛇に憑《よ》り着くのは太陽霊ばかりではない。竜蛇が祖霊の乗り物であることは、荒神信仰や荒神の式年祭を見てもわかる。広島県東城町小室でみた荒神神楽の竜押しでは、荒神である竜にことよせて、新霊を祖霊に加入させる。『日本書紀』（斉明天皇元年（六五五）五月）では、唐人に似た死者の霊が竜に乗って、笠を着た姿で山から山へ飛来したとある。死霊が魂を蓑笠に隠し、さらに竜に乗っているところがおもしろい。一方、竜頭を葬列に使うのは全国的である。

『常陸国風土記』に、有名な夜刀《やと》の神の話がある。山地の谷間から湧く清水を利用して谷津田《やつだ》を開いたが、「形は蛇の身にして頭に角」のある霊威すさまじい夜刀の神が開墾を妨げたので打ちはらい、山の口に標《しるし》の杭を打って、それより上は神の地として認め、社を建ててこの神を永代《とこしえ》に敬い祀ったが、山の口に神社を創建する古社は多い。出雲大社、諏訪大社前宮は扇状地、熊野大社は熊野川上流の三角州などがそれであり、また蛇を山の神の正体とする考えは、三諸《みもろ》山をはじめ多く、神目山から送られる神が竜蛇様であるのもうなずける。山が水源であることを、このことは強く訴えている。

円環する生命とオニ

先祖の話

鬼とは何か。プロローグに、吉野山で日蔵《にちぞう》上人が出会った鬼の話を記した。恨みを残して死んだために鬼になったという、その鬼は恨みの元凶の敵はとり殺し、さらに子、孫と四代にわたってとり殺したが、なお生まれ替わってこの世に生存する者たちをもとり殺したいが、どこで生まれ替わって生きているのかさっぱりわからぬため、四、五百年も山中をさまよいつづけているのだという。あの世へ往生した死霊は祖霊（善鬼）となり、恨みを残しこの世をさまよう凶魂《まがたま》は悪鬼となる。

柳田国男が日本人の死と復活を円環としてとらえていたことは『先祖の話』からみてとれる。坪井洋文はこれを受けて日本人の生死観を図式化（図40）した。日本人が生まれて

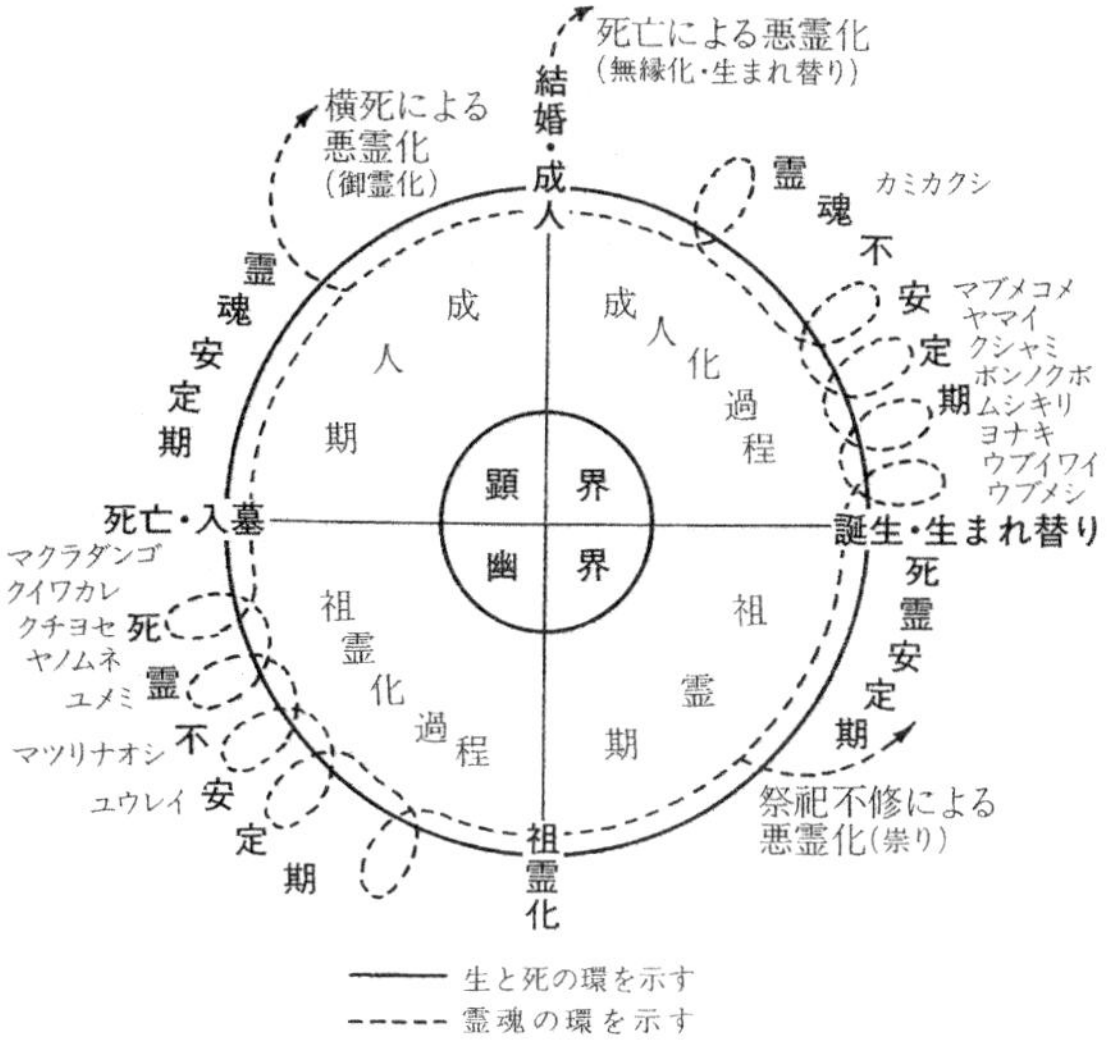

図40　死と復活図　生死観を示す霊魂の諸過程（坪井洋文作成，「日本人の生死観」岡正雄教授古稀記念論集『民俗学からみた日本』所収）

死に至るまで、そして死後における過程の通過儀礼を円環として描いた。人間の魂＝生命の根源は先祖によって与えられたもの、むしろ先祖の生まれ替わりの観念に根ざすものとした。

子返し絵馬

ここに〝子がえし〟の絵馬（図41）というものがある。利根川のほとり千葉県葛飾《かつしか》郡沼南《しようなん》町の弘誓《ぐぜ》院にある大絵馬である。いわゆる間引き絵馬と称するもので、絵の背景に「子孫繁昌《しそんはんじよう》手引草《てびきぐさ》」と題する赤子殺しを戒める江戸末期に流布した小文が書かれている。図柄

図41　子返し絵馬（千葉県沼南町）

は鉢巻をした産褥《さんじょく》の女性が生まれたばかりの嬰《えい》児《じ》を抑えつけている。女性の背後には二重映しにその行為を絵解き、その行為が夜叉《やしゃ》にひとしいことを示している。それは許すべからざる行為にちがいない。しかし庶民の民俗的心意としては、生死の境には幅《はば》があって、赤子はまだこの世のものともあの世のものともはっきりきまっているわけではない。間引きは神仏の掌中にある冥界《めいかい》に子をオッケース（お返しする）ことにほかならなかった。間引きという言葉は民俗語彙《ごい》にはない。

子供の成長過程において、霊魂が常に不安定という霊魂観があり、七つまでは神の子で、幼くして死んだ子は神の子として再び生まれ替ることが期待される。成人に至るまでの鎮魂の儀礼にもかかわらず、夭折《ようせつ》した者は生死の円環の上からはずれてしまう。円環する生命の輪からはずされる凶魂、それこそがオニ（いわゆる悪鬼）なのである。日本人にあっては、この世の顕界《けんかい》とあの世の冥界《めいかい》（幽界《ゆうかい》）は、一元的な連続の環の上にあり、誰でもが環のどこかに位置づけられていて、それぞれの担う役割が決められている。

円環する生死

この円環という生死観を成立させた基盤が、宇宙の周期性や自然の季節的循環と関係することはいうまでもない。しかし、とりわけ稲作を基盤にした生活の周期が、日本人の生死観に深い関係で対応し、変化に富んだ民俗文化を展開したといっていい。こうした柳田の読みに対して、稲作一元論的見方であるとか、なんでもかんでも祖霊信仰に還元してしまう祖霊神学であるとかの批判がつづいている。柳田の行き過ぎは認めるとしても、もう一度柳田の主張を率直に見直すことも必要であろう。

稲魂の継承

わが国では、イネの種子をスジ（家筋のスジに通じる）と呼び、イネの実りをトシ（年）やヨ（世）というように、スジ（血筋）もトシ（時間）も連続的に循環すべきものとする考え方があり、そこにイネが強く影響していることを認めないわけにはいかない。確かに稲魂《いなだま》の継承と同様に、雑穀にも穀霊《こくれい》とその継承がみられる。しかし、イネの精霊である稲魂は、人格神化して田の神となり、また正月の年神ともなり、季節を数える暦の成立に大きな意味をもつようになるが、雑穀においては、人格神としての年神の表象が認められるということはない。また、イネの初穂《はつほ》の儀礼は、中国江南から東南アジアにかけて広く分布するが、アワ、キビ、ヒエなどの初穂の儀礼は顕著ではない。旧暦六月の悪石島でアワの初穂を神に供える例があり、小正月の粟穂《あわぼ》、稗穂《ひえぼ》などの予祝《よしゅく》祭や、アワ、ヒエ、キビの収穫祭として石川県旧能美郡新丸村のナギガエシが知られるが、こうした畑作の儀礼が稲作に先行したという証拠は不十分である。

新嘗と初穂

稲の生産過程における最後の儀礼が穂掛《ほかけ》祭と刈上《かりあ》げ祭である。刈入れ前の穂掛祭は初穂祭ともいわれ、地方によってホガケ、カリカケ、カリホ、シキヨマ、アラホバナなどとよばれる。収穫祭は二段階になっていて、その前段が初穂を迎える儀礼である。天皇が新しくとれた稲の新穀を神に捧げ、自らも食する祭事が新嘗祭《にいなめさい》であるが、「嘗」は本来はニハナへとか、ニフナミ、ニハヒと読んで、ナメルとかアヘル（饗）と同じことで、神と人とがいっしょに食べ合う意味である。

現在、わが国では初穂儀礼はほとんどその姿を失っている。わずかに奄美大島の龍郷《たつごう》町秋名では、この行事をイニムケ（稲迎え）といって、旧暦六月はじめのツチノエネ（戊子）の日に行っている。この日の午後、家の主人が田へ行き、まず東方を拝し、田の東側で三本の初穂を刈り取って家に迎える。家の戸口で主婦がこれを受け取り、三粒を枡《ます》に入れ、初穂はそのまま床の間の柱にかける。三粒の米は昨年の米といっしょに炊いて、家族全員で食べる。

秋名には田の神という人格神に至る以前の稲魂信仰が生きていた。以前は田植後この日までニイヤダマ（稲魂）を驚かしてはいけないと、太鼓や三味線などの鳴り物を禁じて大声を出すこともつつしんだ。この日を迎えるために、家財道具いっさい、茶碗や枡、農具に至るまで川で清めて、厳粛にイニムケを行ったのである。稲魂も、幼い子の魂と同様に不安定で、うっかり驚かすと飛び立ち、せっかくの収穫もほごになってしまう。これは日本の稲のふるさと中国江南のミャオ族の稲魂観と瓜二つであるばかりか、ミャオ族の鬼と日本の鬼との間にも相似した関係がみられる。

ミャオ族の霊魂観

ミャオ族の鬼神には二種類あって、家の中で祀っている祖霊と、戸口の外に棚を吊って祀る鬼とがあり、ともにヒャンとよぶが、外の棚で線香をともして祀っているのは異常死者、すなわちこちらがいわゆる鬼なのである。ちょうど、日本の盆で、屋内の盆棚と戸外に餓鬼棚が設けられることと同じである。

また巫者の鬼さがしの方法にもミャオ族の霊魂観がうかがえる。ミャオ語で、ダ・ヒュ（落とす・魂）といえば、日本語でいう魂《たまげ》消る状態をさす。子供がなにかにつまずいてころんだときとか、びっくりしたときに一時的に脱魂状態になる。巫者は、子が〝落魂〟した現場に、アヒル一羽、鯉三匹、卵一個を供え、唱え言をしてアヒルの毛羽の先を酒につけて蜘蛛《くも》をつかまえて酒壺の中に入れる。これを〝招魂〟といい、子の魂はもどったことになる。小さな蜘蛛は子の魂の代理なのである。わが国でも蜘蛛の出現は何かの予兆とみる俗信があり、霊魂と関係する。鬼のテーマを追うとき、タマ＝霊魂の問題を離れて鬼は存在しないことをくり返し想起すべきである。鬼はタマの一種なのである。

古代人の霊魂観

日本の古代には、肉体はカラ、霊魂はタマと呼ばれた。肉体は体であったが、霊魂のない肉体はナキガラであった。かつて肥後和男は、古代の生理学的発想からすれば、タマは男から伝わり、肉体（カラ＝ハラは同義語）は女から提供されるという考え方があったのではないかといった。たとえばタマヨリヒメ（玉依姫）は、タマがよりついた女というほどの意味をもつ名である。タマはオヤから子へと伝わるが、タマは個性がはっきりせず、オヤといった普遍的な一般霊である祖霊の世界に包みこまれ、そこから送りこまれるものなのであろう。冥界から送り込まれたタマは女性に入り、生まれることによってはじめて個体をもち個性を示すことになる。カミとてタマであるからには、依り代との結合は永久的というわけにはいかない（「日本古代の霊魂」『新嘗の研究』）。

今日でも、祖霊はミタマとかオヤダマとかいわれる。祖霊ははじめから人格を備えていたわけではない。死霊や鬼、妖怪とも区別のつかぬ存在であった原初的な霊魂観の中からオニやカミの原像も立ち上るのである。原古の人々の〝死〟に寄せる想念を知り、オニやカミの質的なちがいを洗い出すには、葬制や祭祀の考古遺跡に民俗学的視角から光をあてることが良策といえるのではなかろうか。

原始・古代の霊的存在

巨木崇拝と縄文の霊的存在

生成する宇宙

記紀にあらわれる人格神に対して、古代においては、火や水、太陽、草木や岩（細石《さざれいし》が巌《いわお》となる）といった天然の生成力をたたえた自然それぞれにタマを認め、タマ＝カミとのカミ観念が基底にあった。そのタマは、もともと固定的にそなわったものではなく、人間のタマ同様にどこからともなく飛来し憑依《ひょうい》し、生成する霊的性格をもつ存在であった。

ユダヤ・キリスト教的カミは超越的な絶対神で、人類はおろか自然すら創造する。しかし東アジア的宇宙観では、宇宙や自然、人類すらも、物それ自体からそれぞれ自ずから生成する。昔話の桃太郎や瓜子姫、『竹取物語』のかぐや姫などは、人間が植物から生まれたとするが、植物のみならず蛇や鳥そのほか動物霊的な精霊を始祖とするトーテム的集団の存在すら考えられている。始祖神は祖霊であり死霊であり獣神的側面からいえば鬼でもある。

『古事記』は天地生成をこう語る。「天地《あめつち》初めて発《ひら》けし時、高天《たかま》の原に成れる神」として、天之御中主神《あめのみなかぬしのかみ》（宇宙の中心の神）、高御産巣日神《たかみむすびのかみ》、神産巣日神《かみむすびのかみ》（この二神は生成力の神）の三柱《はしら》の神の名をあげ、

次に国稚《わか》く浮きし脂《あぶら》の如くして海月《くらげ》なす漂へる時、葦牙《あしかび》の如く萌え騰《あが》る物によりて成れる神の名は、宇摩志阿斯訶備比古遅神《うましあしかびひこじのかみ》。次に天之常立神《あめのとこたちのかみ》。

と記し、宇宙の生成の第一原理を、葦の芽が萌えあがるごとくと擬人化した神の名をあげる。つまり、地上における生命は、まず原初の植物から誕生したと告げている。

巨木崇拝と太陽崇拝

その原初の植物や生木の樹木を原点として「天の御柱《あめのみはしら》」があり、イザナギ、イザナミも巡るその柱は宇宙の中軸である。近年あいつぐ縄文の巨木列柱が、神話世界の巨木・天の御柱と無縁とは思えない。そして、縄文の巨木崇拝を訪ねると、常に死者の世界と切り結んでおり、その意味で巨木は墓標ともいえる。巨木信仰を特色とする縄文中期の社会には、墓地を単に死者を埋めた場所から祖先を

祀る場所に転じた例も数えられ、むろん子墓と成人墓の区別もあり、すでに定住のはじまっている集落にお祭り広場としての公共施設が中央に設けられている。

一方、縄文人が熱心に太陽の運行に関心を寄せていたことがしだいに明らかになってきている。彼らが縄文カレンダーを必要としていたのは、食料など日常の資源をすべて自然環境に依存していた自然人として当然であった。墓地あるいは墓制にかかわるものとして、特殊な環状列石がある。秋田県大湯遺跡や青森市小牧野《こまきの》遺跡は、石を並べた環状列石であり、栃木県小山《おやま》市寺野東遺跡は配石とはちがう土盛り墳墓であるが、夏至や冬至の日の出と関係する日時計の役割を果たしている。おそらく環状列石の前身は東北ではじまった縄文前期（六〇〇〇～五〇〇〇年前）の石棒であるかもしれない。その形は男根をイメージさせ、亀頭部なども作り出している。

長者屋敷遺跡の柱

平成十四年（二〇〇二）九月二十二・二十三日に山形県長井市で〝縄文人と巨大木柱〟をテーマにシンポジウムがあり、わたしも参加を求められ、併せて長者屋敷遺跡を見学した。長者屋敷では、昭和五十二年（一九七七）以来調査が行われ、すでに玦状《けつじょう》耳飾り一点（縄文前期）などの出土で知られていたが、平成十年には縄文中期の集落と、集落の北西隅で半截木柱四基の遺構が発見された。柱は半円と長楕円形で推定は直径五〇～八〇センチ、柱穴の深さは八〇～一二〇センチ。材質はクリとされている。柱は正方形の四隅の位置に配置され、隣り合う柱はおおむね三・五メートルの間隔を持ち、他の遺跡で注目されている木柱遺構や大型建物で見られるいわゆる縄文尺、三五センチを倍数とした柱の配置間隔と一致する。

これまでの調査から四本柱は、冬至の日の入と春分・秋分の日の出を意識して柱を配置したものと考えられた。つまり、柱は季節を知る暦の役割を担ったのであろう。注目すべきは、四本柱跡の中央部からは多くの礫《れき》をともなう土杭が検出され、墓跡と考えられることで、日の出・日の入とかかわる祭祀遺構の可能性が示唆されたのである。

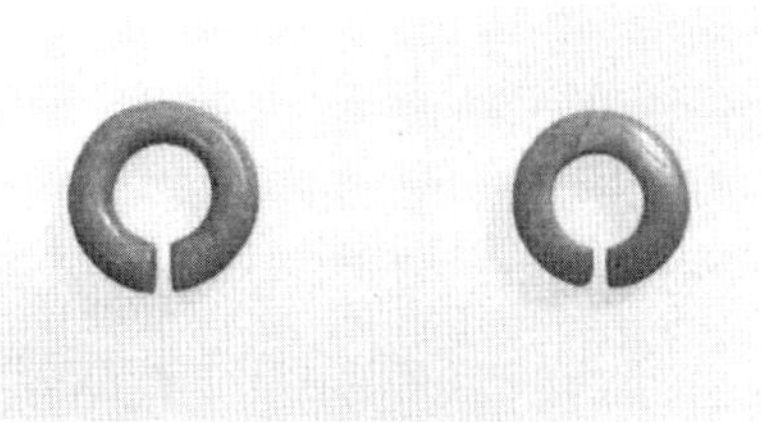

図42　玦状耳飾り（長井市教育委員会）

三内丸山遺跡の六本柱

つぎに、青森県三内丸山遺跡の六本柱巨木列について、太田原《おおたはら》潤《じゅん》の詳細な検証がある。巨木柱列の復元に際しては、屋根をつけた掘立柱の祭殿、あるいは物見《ものみ》櫓《やぐら》との見方が圧倒し、屋根無しの木柱列説は少数派に過ぎなかったので、折衷案的な「屋根無し二層櫓の掘立柱建物」としたという。建物説の根拠は、大林組プロジ

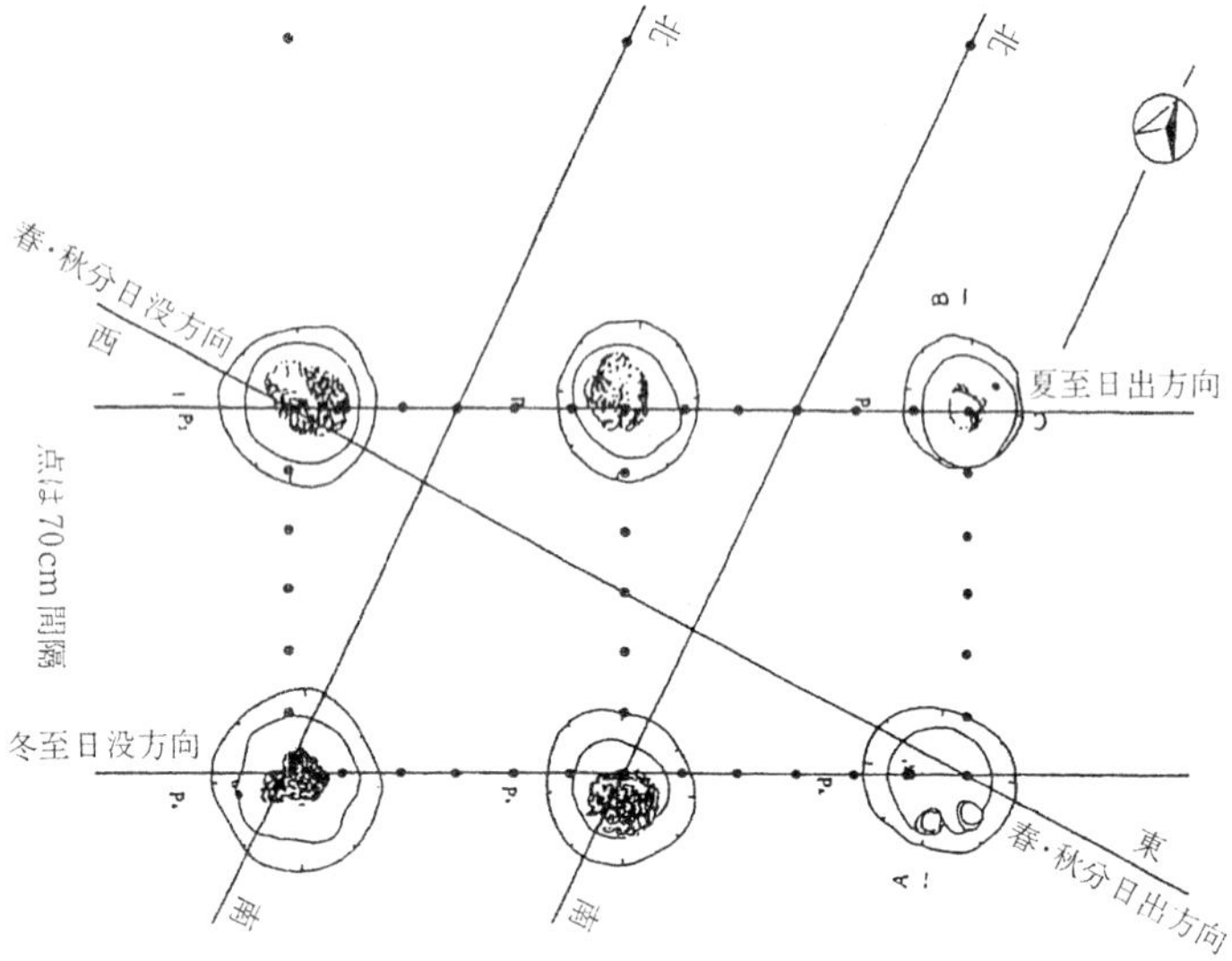

図43　六本柱巨木柱列と方位（岡田康博ほか『三内丸山遺跡Ⅳ』1996年所収，太田原潤による加筆）

ェクトチームの建築工学、土質工学的論理に負うているものが主であるが、太田原は本人が推定計測した非建物説の数値を大林組案に代入して検討し、結論として屋根を無用の長物とし、巨木列は山をはじめとした周囲の景観と二至二分の日の出、日の入を意識したものであり、柱穴の配置は方位や日の影の出方を意識したものであることなどを示した。

パソコンによるシュミレーションや実際の写真撮影を通じ、日の出、日の入、方位との関係について、図43のように、長軸方向が冬至の日の入と夏至の日の出方向に対応し、それぞれの延長上の有意な位置に岩木山、高林山があり、一方、対角線方向は春分・秋分の日の出・日の入の方向、すなわち東西に対応し、日の出の位置に三角岳がある。また、北側木柱列の中間点と南側木柱を結ぶラインは正確に南北を指し、北側の延長には北海道の駒ヶ岳が位置する。柱列の目的は漁労活動の季節の認識と、海上での「山アテ」にあったろうとする。

季節を知り時間を知る必要は単に漁労活動に限らず狩猟・採集などあらゆる生産活動に及ぶにちがいないが、加えて、わたしが重視するのは、六本柱が集落の墓域と関係するとみられることと、中国大陸との文化的交流である。

縄文尺と大陸尺

三内丸山遺跡は、青森市の郊外、川を背にした標高二〇メートルの河岸段丘上に立地する。縄文時代前期中葉から中期末葉（今から約五五〇〇～四〇〇〇年前）の集落跡で、集落の存続期間が約一五〇〇年間と長い。六本柱の巨大木柱は中期のもので、柱の間隔は三五センチを単位としている。三五センチという単位は、一般の竪穴住居には使用されず、大型竪穴住居とか巨大列柱とかの共同施設と考えられる建造物にしか使用されないという。巨大木柱遺構の柱の中心から中心までの間隔は等しく四・二メートルで、三五センチの一二倍である。

藤田富士夫は、縄文遺跡の、三五センチを基本単位とし、それを四倍数（一・四メートル）、六倍数（二・一メートル）、一二倍数（四・二メートル）した単位の存在を重視、もし三五センチが人体尺であれば肘《ちゅう》（中指の先端からひじまでの長さ）を基準としているのかもしれないが、東北アジア一帯の古い物差しである可能性を示唆した。中国新石器時代の陝西《せんせい》省の姜《きょう》寨《さい》遺跡の柱穴配置は、一七センチを単位とする古代中国の「殷尺《いんじゃく》」を用いたものという。日本の縄文時代の尺度の平均値一七・二センチは、中国の新石器時代の尺度の平均値一七・四センチが日本へ伝播《でんぱ》したものと岩田重雄は想定しているが、藤田は岩田に賛同している（『縄文再発見』）。

日本海と沿海文化

さらに、藤田は、三内丸山遺跡で出土したヒスイの玉や原石は、丸木舟による縄文中期～後期によるヒスイロードによって運ばれたもので、北陸から日本海を経ており、それは外洋性のサメ漁の遺跡ルートと重なっていることを証明した。こうした縄文人による日本海での活発な交流活動からみて、日本海をはさんだ大陸の文化の影響を無視できないとし、ことに縄文早期末葉（約六〇〇〇年前）にはじまり中期初頭（約五〇〇〇年前）にわたり大流行した玦状《けつじょう》耳飾りは、大陸文化の直接的な影響を受けた人びとが残したと考えざるを得ないとしている。おそらく玦状耳飾り文化は、中国最古の玦を出した、遼寧省の査《さ》海《かい》遺跡（今から約七六〇〇年前）が属する興隆窪《こうりゅうくぼ》文化で発生し、江南地域をへて、日本列島へと伝播したものと考えた。なかでも浙江省の河姆渡《かぼと》遺跡からは、日本列島の玦状耳飾りとよく似たものが出土している。

つづいて、縄文人と中国大陸の人びととが確実に交流していたことを示すものとして、藤田はいくつかの例をあげている。山形県遊佐《ゆざ》町三崎山《みさきやま》A遺跡（縄文後期）で、殷代《いんだい》のものと思われる青銅製刀子《とうす》が出土。羽黒町の中川代《なかがわだい》遺跡（中期）からは甲骨文字風の記号が刻まれた有孔石斧《せきふ》が出土。青森県東津軽郡平舘《たいらだて》村・今津《いまづ》遺跡（晩期）から出土の三足《みつあし》の土器。これは中国古代の青銅製「鬲《れき》」の模造品とみなされる。また福井県桑野遺跡（早期末～前期）からは、大陸の匕《さじ》形器そっくりのヘラ状垂飾が出ている。

わたしは長者屋敷遺跡出土の一対の玦状耳飾りをみたとき、小型ながらもその美しい玉《ぎょく》の輝きに目を奪われ、とっさに中国の玉を想った。玉文化の頂点は、上海に近い良渚《りょうしょ》文化（前二七〇〇～一九〇〇ごろ）にあり、やがて河南に起った竜山文化を経て成立した殷文化の中に玉文化も吸収された。殷は青銅器文化であるが、殷代以前の新石器時代の文化を引き継いでおり、図像学的にみると玉に描かれた太陽神図像などを饕餮《とうてつ》紋として展開させ踏襲した系統関係にある。殷は前十七世紀ごろに王朝を樹立し、前十一世紀の中ごろ西方の周の進出によって滅んだ。「殷」は周による蔑称で、自称は「商」であった。周からみて東方沿海の夷族・東夷であり、文身《ぶんしん》（入れ墨）と貝の文化を特色に持つ沿海族である。殷人の精神構造の根底をなしていたのが、原始的ともいえる太陽崇拝であった。貝塚茂樹、柳田国男、白川静らは、早くから殷文化と日本古代文化の類似性を指摘していた。縄文文化の成立は環日本海文化を外して論じられない。わが国の文化の成立の節目節目に、その決定的な歴史的要因を海外に仰がねばならない例は多く、民俗もその例に漏れない。

殷の葬喪儀礼

ここで、大変気になるのが中国古代の葬喪儀礼《そうそうぎれい》である。三内丸山でも長者屋敷でも、祭祀の行われた公共の場所が西北の隅であることと、中国古代の聖地・聖所観とが無関係とは思えないからである。谷田孝之は、『礼記《らいき》』（檀弓《だんきゅう》）によると、殷代では、柩《ひつぎ》を殯宮《もがりのみや》より運び出すとき、西側の牆《かき》を毀《こわ》してここから出すといい、それ以前に死者の寝ている屋の西北の扉《くらがり》の板をはぎ取って、死者の霊魂を呼び戻すための復が行われたという。復者が屋上から降りる時に西北の扉の板を撤去するのは、西北が死霊の通路とみられるからである（『中国古代喪服の基礎的研究』）。このことは、先に触れた『権記《ごんき》』の死霊の去来の記事とも重なり、平安貴族も中国古代の葬喪儀礼に影響を受けていたとも考えられるのである。祖先祭祀儀礼においては、まず尸《かたしろ》となる祖先の霊の憑坐《よりまし》として子孫の中のある者を立て、廟の室内、西南隅に東面して席を設け、神饌《しんせん》を供する。尸は入室して神饌を食して祭りがはじまり、最後は室内西北隅で儀礼が終わる。西北隅ではわざわざ扉をもって明りを遮蔽して暗くする。

　これらは谷田によれば、屍を室中に葬った古俗の遺風であり、尸は神霊の憑るものであり、神は幽暗を尚《たつと》ぶためであるとしている。祭時における神人融合は、祖神が子孫中に具現せられたものと観念し、尸を中心として立尸《りっし》の儀礼を行ったとする。池田末利も、立尸の俗は殷代にすでにみられるといい、漢民族のみならず、匈奴《きょうど》やミャオ族にも共通する習俗であり、中国の古法が周辺の民族に及んだものとしている。池田は、西南隅、西北隅こそ室中深奥の幽闇の聖所であり、竈《かまど》の置かれた場所も「奥」であり、竈の祭祀も遡源《そげん》的には鬼神（祖神）を対象として祭る場所であるといっている（『中国古代宗教史研究』）。ちなみに、東北を忌むべき方角・鬼門としたのは陰陽道によるもので新しい。

ヤオ族の複葬

　かつてわたしは広西チワン族自治区南丹県で、白褲《バイクー》ヤオ族という複葬（数次にわたる葬法）の習俗をもつ民族の調査に赴《おもむ》いたことがある。ふつう一次葬と二次葬の間は数年かかって仮埋葬した遺体を取り出して再葬する民族が多い中で、白褲ヤオ族はその間がきわめて短い。まず、驚いたのは仮埋葬した場所で、屋内の農具などを置く暗い室内の隅をあてていた。正月十五日から九月三日までの間に亡くなった

図44　白褲ヤオ族の仮埋葬（広西チワン族自治区南円県）

人は、こうした場所かイロリのそば、あるいは家の軒下に仮埋葬し、葬儀は刈入れ後の生産暦でいう正月に行い、銅鼓を叩いて、牛を殺し、洞窟に改葬する。白褲ヤオ族は言語は湘西ミャオ語であり、ほとんど習俗はミャオ族に似ている。

墓道の意図

三内丸山遺跡のムラの設計を再考してみよう。北西に位置する掘立六本柱に向かって、三方から墓道が入り込んでいる。図45に示す東の大道、南の大道、西の大道である。墓は成人用の墓と小児用の墓が別々に営まれているが、成人用は数百メートルにわたって列状に並ぶ。道路に足を向けて埋葬された土壙墓《どこうぼ》（土中に直接遺体を納めた墓・図46）が多く、石を円形に配列した環状配石墓もある。なぜ道路を挟んで向かいあった状態で足を並べたのであろうか。

かつて中国貴州省黔《けん》東南で、ミャオ族の埋葬法を問うた。彼らは死者の足を他界の方向に向けて埋葬し、すぐにでもあの世に向かって旅立てるよう鬼師《リンコウ》に「指路」経を唱えてもらうという。「故郷は東の方にある、魂は東の方へゆく」と巫詞により魂のゆくべきところを指し示す。凱里県舟渓では死者の山があり、そこは葬所で、魂ははるか東の彼方に送られる。多くの民族で他界は川向こうという伝承があり、ミャオ族も舟で往く。そこで、三内丸山も縄文時代から流れる沖館川《おきだてがわ》が、三方道路の要にある六本柱の背後にあることが思い合わされる。六本柱では死霊を送り祖霊を迎える儀礼が行われていたと推察できる。

殷人《いんじん》は太陽は地中に住み、日々昇る月が姿を異にするように、日々の太陽も同一のものではないと考え、一〇個の太陽に日甲《にちこう》、日乙《にちおつ》、日丙《にちへい》……と、いわゆる十干《じっかん》をあてていたが、地中に埋葬される王や王妃も甲・乙……を付した謚《おくりな》が与えられ、それぞれ太陽の子孫だと考えられていた。縄文人も、祖霊の恩恵を太陽に重ねていたとも考えられる。

クリ・生活と精神の支柱

太陽の依坐《よりま》す柱にクリの巨木を用いたことも意味がある。三内丸山人の人骨に含まれる炭素と窒素の分析から当時の食生活を推定した北海道大学の南川雅男《みなみかわまさお》によると、半分以上クリを食べていたことが明らかになっている。他はヒエ、肉、魚介類、大型海産動物である。一般に縄文人はドングリを食していたとされるが、食生活の半分以上、クリに依存していたとは驚く。居住地の周りにあるものの中からうまいものとしてクリを増やした結果、クリ中心の集落が生まれ定住化したと考えられる。しかし、樹木には表年と裏年があり、さらにクリは冷害や虫喰いに弱い。多様なクリの品種を植えても危険をともなう。

下北半島の根方の六ヶ所村で少年期を送った六〇代の人からこんな話を聞いた。近くの国有林に、クリの実が落ちるころ、五～六人の家族総出で行ってクリ拾いをした。直径一メートル近い巨木をねらい、まず一人がつぎつぎに枝に綱をかけ、リーダーの合図で綱をぐっと引く。信じてもらえないと思うが、ダーという台風なみの轟音とともにいっせいに実が落ち、やがてあたり一円まったく地面が見えなくなる。イガをとりのぞく作業は円の周辺か

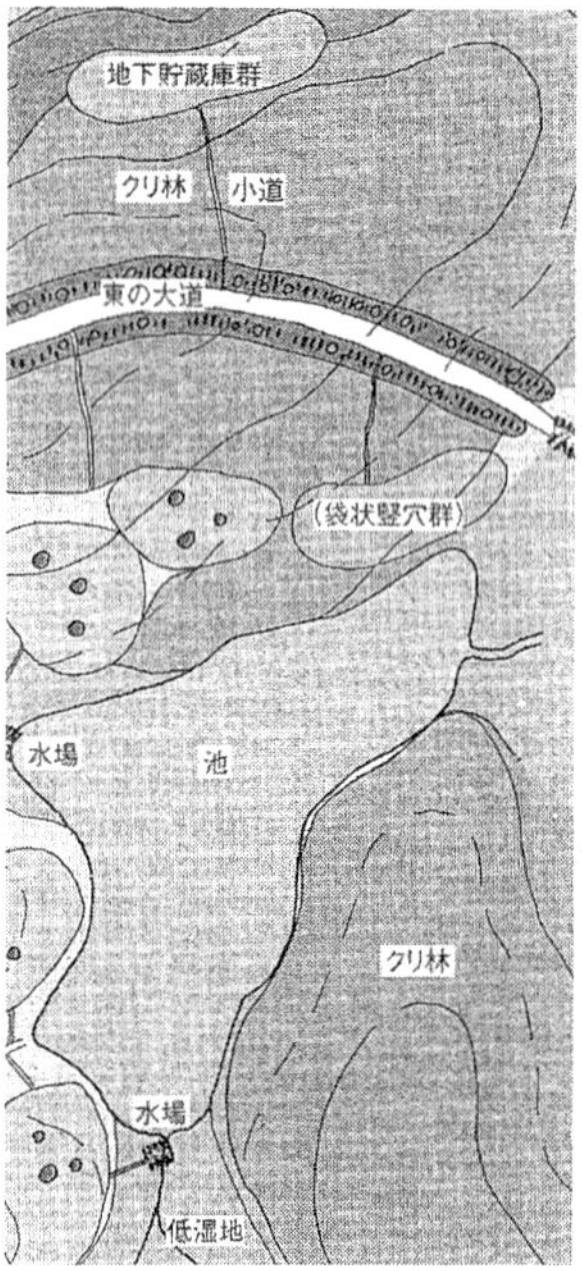

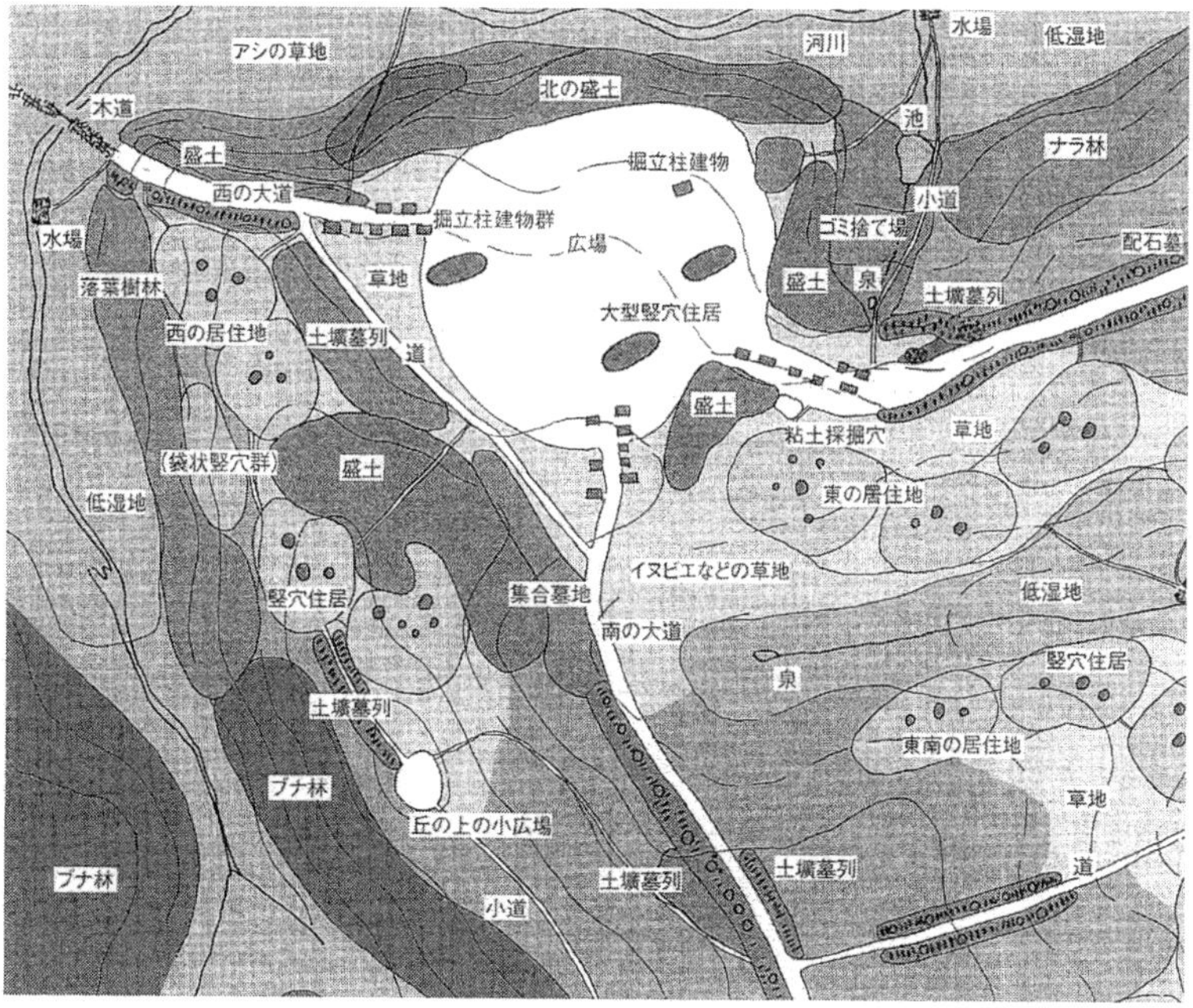

図45　三内丸山ムラの復元案．上が北（阿部義平氏提供）

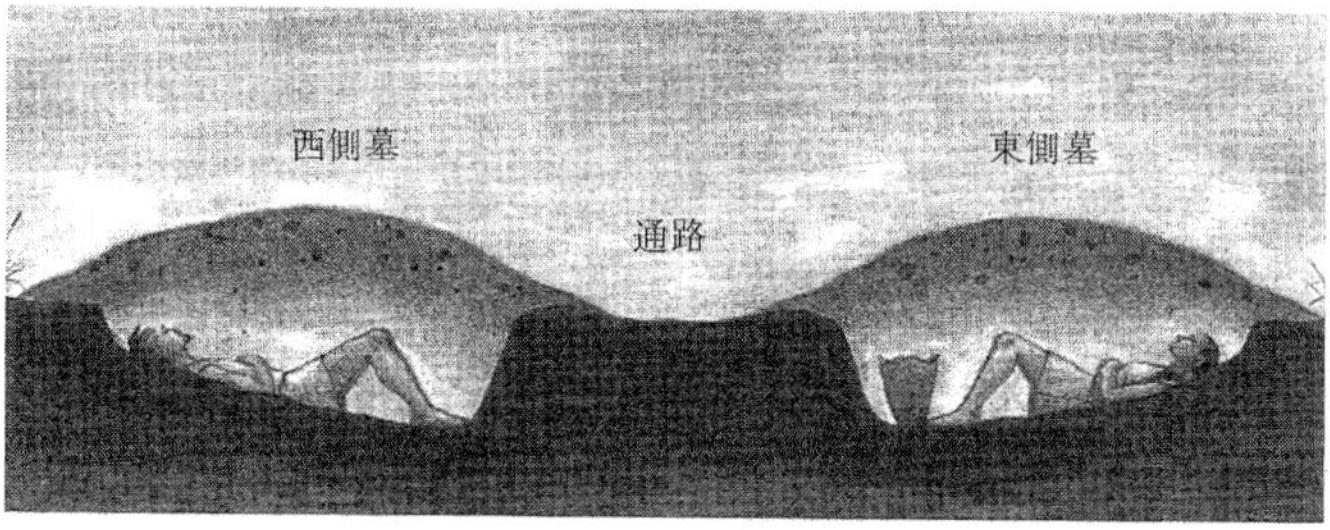

図46　列状の土廣墓群（青森県埋蔵文化財調査センター，青森県教育委員会『縄文文化の扉を開く』2001年所収）

ら中へと向かって進められ、収穫は一度に運びきれないことも多い。へたをすると体中傷だらけになるので良いリーダーが必要で、むろん頭は綿の入った頭巾《ずきん》をかぶる。クリはいっせいに実をつけるので、収穫はタイミングと共同作業になる。綱を使わずに、鉤《かぎ》状の枝を使うこともあるが、これは実りの悪いときに限る。収穫したクリは保存のため、皮つきのまま十分天日に干す。食べるときは数時間かけて茹《ゆ》で戻す必要があるが、甘味も香りもあっておいしい。逆に茹でてから干したものは、甘味も香りも飛んでしまうという。

三内丸山の集落にはクリ林がまとまってあったことがわかっている。クリの収穫・保存・加工（粉にする）には組織力が必要である。集落はいくつかの血縁集団に分かれていた可能性が考えられるが、とくにクリの収穫には短時間の組織的集中作業が求められる。六本柱は、共同体の組織力・結束力を高める象徴性をそなえたものでなければならない。

神樹が日月を放つ

六本柱に〝神殿〟を想定すれば、覆いがなければならない。〝神樹〟とすれば、屋根は邪魔でしかない。野本寛一が採集した紀伊熊野に多い無社殿神社は大樹を崇拝するもので、楠《くすのき》・檜《ひのき》の大樹をご神体とし、この神様は「空《そら》神様で天井を作ってはいけない神様」であるという（『熊野山海民俗考』）。空神様とはよくいったもので、中国の宇宙樹は日本の招《お》ぎ代《しろ》とはちがった発想で、樹木の側からいい、地底に住む太陽・月・星を根方から吸い上げて梢から天空へと、朝《あした》には太陽を夕べには月や星を、つぎつぎに放った。つまり、東の果ての大樹から日月星辰は昇り、西の果ての大樹で降りていたのである。縄文の巨木も、〝宇宙樹〟の一種であるとわたしは思う。

クリが神樹なら、クリの巨木は仰ぎ見るだけでよい。縄文中期は年平均気温が今より二〜三度高かったが、気温がさがるにつれてクリの栽培もむずかしくなり、共同労働を円滑に行う必要もなく、集落そのものの機能も変質し〝三内丸山の世界〟は消滅した。冬の三内丸山には、今日も雪の上を西北の風が渡っている。

神霊が北西の方面から去来することについては、タマカゼのごとき風が、まず考えられる。これには、南北両半球の中緯度地帯の対流圏上層を帯状にとりまいて西から東へ吹く風、つまり偏西風が天気を西から東へ変えることと大いに関係しよう。渡り鳥が季節の変り目に去来することも、神霊の去来と結びつく。

太陽霊が依坐す柱

季節の変化は太陽の力の変化によって起る。陽光による明暗も、カミの住いやカミの移動を左右するであろう。オニもカミも日暮に来て、夜明けとともに帰る。

折口信夫は「髯籠《ひげこ》の話」で、元来空漠散満《くうばくさんまん》たる一面を有する神霊ではあるが古代生活に

図47　オロチョン族のシャーマンの宇宙樹（黒竜江省大興安嶺）

おいて、最も偉大なる信仰の対象は、やはり太陽神であったとする。しかし、そうした太陽神も単に大空に懸りいますとばかりでは、古代人の生活と霊的に交渉が乏しくなりやすい。それゆえ、まずその象徴として、太陽神の形代《かたしろ》をつくらねばならず、高山の喬木《きょうぼく》から柱の信仰を導きだしたと考察した。太陽といえども神霊としてタマの一種にほかならないことからいえば、折口の推論は、太陽の昇降の方向にこだわらねば中国古代の太陽信仰にもあてはまる。そのうえ太陽信仰は、中国東北部のツングース系諸民族のいわゆる〝宇宙樹〟とよばれる立柱祭にも共通するものがある。たとえばオロチョン族のシャーマンのテント内にはミニ宇宙樹が祀られており、樹には太陽・月・星・鷹をかたどるものが枝にかけられている。

太陽霊と鳥霊

太陽霊が柱を依《よ》り代《しろ》とすることは、天空の雷神が喬木《きょうぼく》に落ちることからも容易に受け入れられるが、太陽が鳥霊崇拝と密着していることは意外と知られていない。鳥がさえずれば、日が昇る。太陽の呼び出しや「時間」に鳥は重要な役割を果たす。『春秋左氏伝』には鳥の名をもつ官職は暦の官であることを記している。

鳳凰氏は暦正（暦の官）なり、玄鳥（燕）氏は分（春分・秋分）を司るものなり。伯趙（百舌《もず》）氏は至（夏至・冬至）を司るものなり。青鳥（鶬）氏は啓（立春・立夏）を司るものなり。丹鳥（雉《きじ》）氏は閉（立秋・立冬）を司るものなり。

とある。

そして、鳥を、神霊と人との交信の仲立ちとするのがシャーマンなのである。鳥はまた太陽霊を呼び出し、飛び立つ鳥は太陽中にあって太陽を運ぶ役をも担っている（陽中の三足烏のように）。六五〇〇年前の河姆渡遺跡には太陽のシンボルマークを線刻した骨板が出土している。これを首から下げて、太陽を司祭したのもシャーマンであった。

広西チワン族自治区大苗山のミャオ族は、ムラ立てに際して、まず広場をつくり、中心に鳥の留まった柱を立てる。鳥は真東を向いており、稲作に欠かせない太陽を迎え、春分・秋分に柱の下で春社・秋社の祭りを行う。柱の下は、柱を通す穴のあいた石で固められており、ミャオ族はここをムラのヘソと表現する。集落は柱を立ててから、柱を中心にほぼ同心円状に家をつぎつぎに建てていく。

ミャオ族の柱は明らかに真東を意識しているが、中国東北部の寒冷地域では、柱は例外なく東南に向けて立てられている。これは朝の太陽が最初に若々しく輝きを増す方向だからという。数々の鳥を柱の頂に留まらせ、百鳥と呼ぶダフール族の例もある。

シャーマンの起源と巨木

アムール・サハリン地域のナーナイ族ほか各民族の伝承にみられるシャーマンの始祖・ハダウは、複数の太陽を射たのち、森で一本の巨木を見つけ、その巨木に生えていた鏡と鈴と角とを矢を放ってとり、シャーマンになる。シャーマンも、その鏡も、その巨木に由来するが、背景にあるのはミャオ族や殷代の射日神話である。その巨木こそ、宇宙樹であり、太陽が昇降する太陽樹なのである。ナーナイ族は、現在中国ではホジェン族と呼んでいる。原始混沌を前提とする複数の太陽と射日をモチーフする神話は、荻原真子によるとアムール・サハリン地域のすべての民族に広く認められるという（『東アジアの神話・伝承』）。実は、こうした太陽信仰と死霊の鎮まる西北の隅の幽暗部の信仰とはつながりがあると考えられる。陽が落ち死霊の鎮まる薄闇は、西北の世界だからである。

耳飾りで命を護る

日本海を囲んだ東アジアを視野に入れて縄文の巨木信仰をみると、それは太陽信仰とシャーマニズムの複合文化領域の一角を占めている。玦状耳飾りにしてもそうである。玦状耳飾りは縄文学を標榜する方々の意見では、その原型は大陸にあるとしつつも、その目的はどこまでもアクセサリーにとどまる。美しくあるためには人は耳に穴をあける苦痛をいとわなかったという。三内丸山遺跡からは、玦状耳飾りのほか、耳栓《じせん》とよばれる直径一センチほどの鼓形のものや首飾り、ツルで編んだ腕輪も発見されている。

耳飾り、首飾り、腕輪の習俗は、現在でも中国少数民族や東南アジアの諸族に広がっているが、その目的はすべて「タマ結い」である。単なるおしゃれではない。たとえばミャオ族は腕輪をシュ・シャ（輪・護る）といい、生命を護る大切なものとしている。腕輪を紛失したら鬼がやってくるといい、万一、紛失したばあいは、鬼に連れ去られた魂の招魂をする。腕輪、首輪、耳輪、足輪などを護命輪とも保命圏ともいい、命を保つためになくてはならないもので、ふつう生まれて一〜二歳になったとき縁者たちから贈られる。

魂が身体から離れるのは死後とはかぎらない。魂の遊離を防ぐには、腕、脚、胴体、首のような、しばりつけることの場所以外に、塞がなければならないもっとも危険な場所がある。それが、耳、鼻、口など外に出口の開いている個所で、これら魂の脱出口の門戸に閂《かんぬき》をかけて閉じる必要があった。つまり、中空なる人体に出入し、ともするとあくがれ

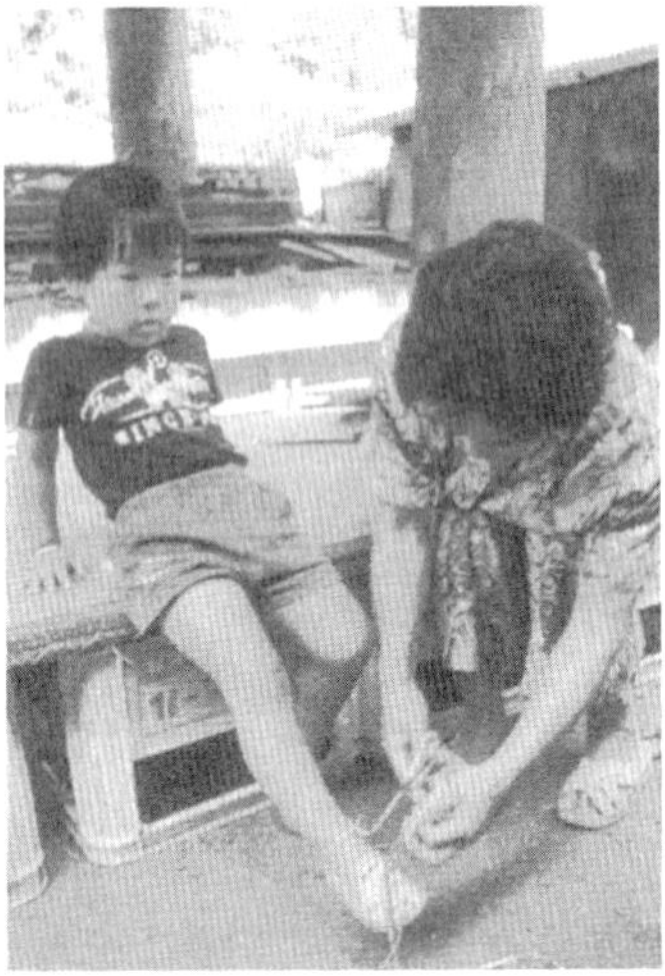

図48　魔除け（奄美大島竜郷町）

出ずる魂を、輪に輪をかけてしっかりと結び留めようというのである。

能登半島の真脇《まわき》遺跡からは縄文時代の朱彩の遺物が多く出土している。玦状耳飾り、耳栓、櫛、土偶、石刀、鳥形土器などに朱（ベンガラと漆による）がほどこされていた。朱色をほどこすのは魔除けの効果があるからである。赤い紐や白い糸を手首や首に結ぶ習俗もある。正月、結婚式、病気のとき、旅に出る前、初誕生の折などで、こうした魂結いの習俗は、中国、朝鮮、日本に限らず東アジア全域に広がる。現代の日本でも、もの忘れしないために指に糸をくくりつけることがある。タマが抜けるともの忘れをすることに対する呪いが本来であった。深作光貞は、生霊を体内に封じこめる〝結び〟に対する紐の呪術は、古代エーゲ海文明にもあったとしている（『衣の文化人類学』）。

タマ結い文化の領域

奄美大島では、アラシツ（新節）の日に、子供たちの手や首、足に桑の皮を結んで魔除けとする。蘇民将来《そみんしょうらい》のチノワは、腰にこれを結びつけることで災厄を免れた。人類の伝承的な思考といえるものは、予想外に遡源する。縄文時代前期を代表する装身具である玦状耳飾りが「タマ結い」文化として理解できるとすれば、日本人の精神文化の構造はすでにこのころ、〝一国民俗学〟を越境して組み立てがはじまっていたと考えなければならない。

祭祀遺跡と弥生の霊的存在

吉野ヶ里の祭祀空間

吉野ヶ里遺跡は、堀をめぐらした環境集落で、弥生時代中期（前二世紀ごろ〜前一世紀ごろ）の大規模な墳丘墓と、墳丘墓と深い関係をもって営まれた遺構群が存在する。北内郭跡と南内郭跡とに大きく分かれる。南が居住空間を主とするのに対して、北は墓域や祭祀《さいし》遺跡などの宗教空間を主としている。縄文時代前期の、たとえば群馬県安中市中野谷松原遺跡のように、直径数十メートルの円い中央広場を囲んで、家と墓穴が交互に数珠つなぎの輪を形成し、死者と生者の生活をないまぜにした生活空間とは大きく異なっている。

とはいえ、縄文時代に引き続いて、吉野ヶ里でも柱を中心とした祭祀遺構が墓域の中にあることは、注目すべきことである。遺跡保存対策室の七田忠明によると、北の墳丘墓は、弥生時代中期の紀元前一世紀ごろ、これまであったと考えられる集落をいきなり廃絶させ、その北端の上に、中国長江流域に見られる土墩《どとん》墓と同じ築造技法でつくられたという。

墳丘の南裾《すそ》から南一〇・五㍍の位置には、直径五〇㌢の柱痕がある。柱の作られた時期は不明であるが、その場所は首長墓築造以前には集落の中心だった広場の位置にあり、下に埋もれた集落は弥生時代中期前半（前二世紀ごろ）かそれ以前のものであるため、柱は古い集落の時代からそこに立っていた可能性も指摘されている。その柱から一一㍍南に、一間《ひとま》×二間《ふたま》（約三・五㍍×四㍍）の掘立柱建物跡があり、その柱痕は直径三〇㌢に満たない。掘立柱建物の付近からは赤く塗られた大量の祭祀土器群が発見され、周辺には火を焚いた跡もあり、墳丘墓と柱を対象に数百年にわたって祭祀が行われたらしく、高杯や筒形器台などの特殊な土器も出土している。墳丘墓から墓道が一直線に南（正確には一〇度ほど振れて南南東）に伸び、道の西側には甕棺の列がつづく。

陶塤の分布

弥生時代は考古学上、水稲耕作の開始、青銅器の鋳造といった大きな社会変革の時代であるが中国の楽器がはじめて日本に姿をあらわす時代でもある。それが陶塤《とうけん》で、卵形の陶製、頭端に切り口をつけ、身の一方に二孔、反対側に四孔をあけてある。この陶塤の使用は弥生時代前期に限定され、北部九州から日本海岸ぞいに北陸地方と分布も片寄っている。日本の陶塤の祖形は中国で、国分直一によると南方に発現したものかもしれないという。河南、山西、南京などに発見例がある。卵形陶塤は、中側に鶏卵、外側に家禽の卵を用いて成形したといわれる。塤が穀物の埋蔵穴から出てきた下関市綾羅木郷台地《あやらぎごうだいち》遺跡の例がある。これは卵が豊穣の象徴であることを示すものではなかろうか。

水野正好は、陶塤は日本海域に分布するとはいうものの、その分布にはきわめて顕著な粗密が見られ、島根県松江市西川津・タテチョウ遺跡で発見された陶塤は膨大な量で分布の中心であるといっている。松江は宍道湖《しんじこ》と中海にはさまれた内湖の要港で、水面の安定度は抜群である。水野はそこに秦漢風《あやぶり》の楽器が盛行した原因があると考えた。

田和山遺跡

松江市の田和山遺跡が国指定の史跡とされて一周年を記念するシンポジウムが平成十四年八月末にあった。わたしも前年の第一回神在月《かみありづき》シンポジウムにつづいて参加を要請され、三重の環濠をもつこの不思議な遺跡の山頂にも上ってみた。遺跡は松江市の中心部から三キロの郊外にある丘で、標高約四六メートル、山頂から東に茶臼山(『出雲国風土記』の神名樋野)や大山(『風土記』の火神岳)を、北に松江市街地と島根半島を、北西方向に宍道湖（『風土記』の入海）を眺望することができる。冬期は北西方向の強風で山頂に立っていることすらむずかしいという。遺跡周辺の低地や山麓には弥生時代以降の墳墓や住居跡が発見されており、農耕集落が成立・展開していたことがわかっている。

山頂部は狭く、東西約一〇メートル、南北約三〇メートル。弥生時代前期末ごろに第一環濠が造成され、同じころ内側南西側斜面に一間四方（柱穴中央を含めて五本）の掘立柱建物と、建物の端からめぐらすかのように南部に三日月形の加工段が形成されている。中期後半には山頂北側に九本のまとまった柱穴群をもつ建物、外周に柵列、第二、第三の環濠がめぐらされるが、不完全なもので切れ目がある。

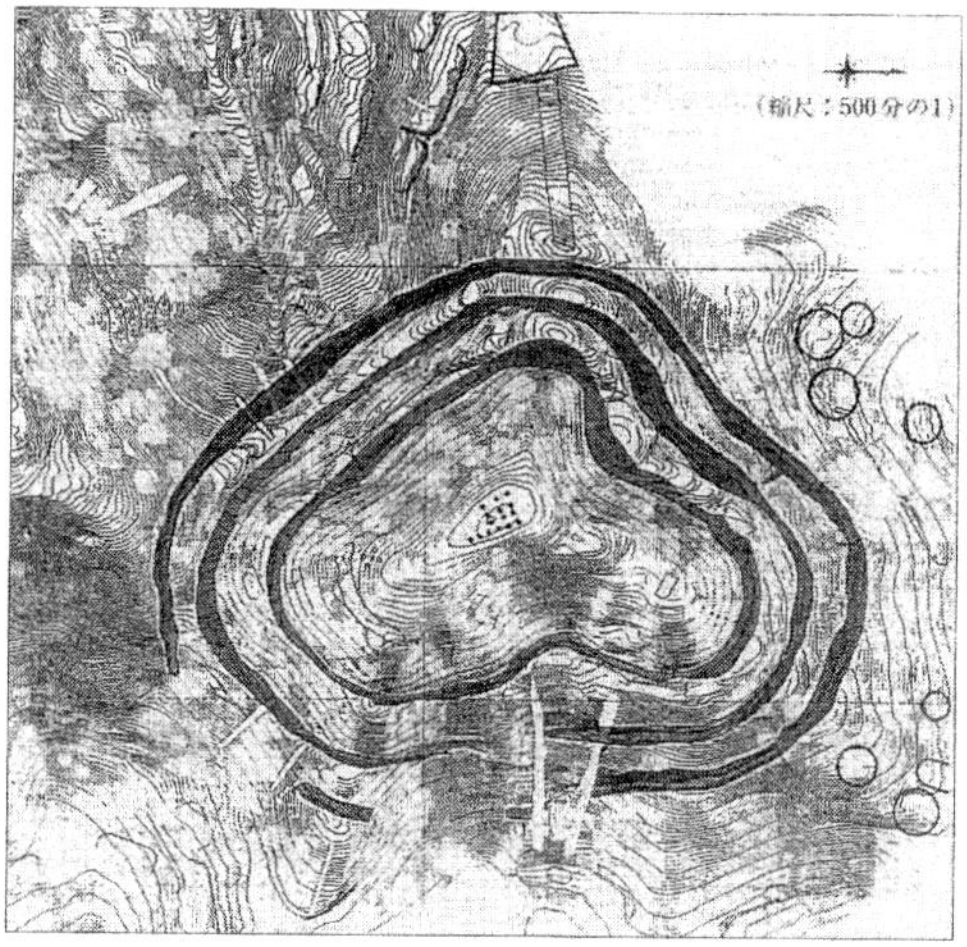

図49　田和山遺跡図（松江市教育委員会『田和山遺跡』2001年所収）

田和山の環濠の内側には竪穴式住居など一つもなく日常的に人が住んだ形跡がない。外敵から守るための環濠とは考えられず、きわめて特異なあり方で、集落跡は逆に環濠の外側斜面にある。何のための環濠か。

その性格は

田和山遺跡の性格を、周辺の農耕社会の人びとが守るべき宗教的遺跡と考えるのが大方の見解である。祭祀関係の遺物も銅剣形石剣や土玉、分銅形土製品などが出土している。しかし、つぶて石が初期の段階から以降の段階まで三〇〇〇個以上出土しているのが謎とされる。石鏃《せきぞく》も環濠内から出土していることからこの聖地をめぐって戦があったとする研究者もいる。全体を祭祀遺跡と考える人たちでも初期の五本柱建物を物見櫓と推定する見方が一般である。わたしは人が立つこともままならない北西方向の強風が吹きすさぶ丘をなぜ聖地に選んだかに注目したい。八月末に西側から登って山頂に立ったときですら、東南からの強風にあおられて、思わず強い風ですねとつぶやいたくらいで、その時、冬期は立っていられないくらいですよといわれたものである。五本柱・九本柱とも高い神殿を考えることはむずかしいと、まず直感した。

模擬戦か

石鏃は実戦用としては小さ過ぎるという。石鏃も、つぶて石もほとんど第一環濠に集中し実戦で拡散したとは思えないらしい。石剣も刃を研ぎ出してないものがあり、それらは農耕祭祀にかかわる模擬戦用であろう。つぶて石による農耕儀礼としての石合戦は、日本、朝鮮、中国南部にあった。大林太良は『正月の来た道』で貴州省のプイ族の「投石節《せつ》」では死者が出てはじめて終わる激しいものであったという事例を紹介し、これらの石合戦は、水稲耕作文化の一環として流行し、日本にも入ったと推定している。

模擬戦と思えるものは、天理市布留《ふる》石上《いそのかみ》遺跡出土の石上二号銅鐸《どうたく》にも盾《たて》と戈《ほこ》を持つ二人の人物の図像がある。同様のものは天理市清水風遺跡からも出土した土器絵画で、盾と戈を持ち、頭に飾りをつけた大小二人の戦士が描かれている。佐賀県川寄吉原《かわよりよしはら》遺跡出土の鐸型製品では、頭に羽毛をつけた人物が盾や戈（矛）を持ち踊っている。羽毛をつけているところに、一つの系統関係が予想される。中国古代の銅鼓には鳥毛を頭に戴き、手に盾や戟《げき》、弓と矢などさまざまな採り物を持って円舞するさまがよく描かれていて、鼓面の中心にはきまって太陽紋がある。太陽紋をとり巻いていくつかのパターンの群舞がみられる。羽毛を手に採る人たちの円舞、弓や盾、槍や戟を手にする者たちの舞いである。

楚文化の影響

中国の民族学者凌純声《りようじゆんせい》は、弓や盾、槍や戟を手にする舞いを、楚《そ》国の祭祀《さいし》であろうとした。東方に向かい日神を出迎え、楽舞し、やがて日神である東君との送別の際、東君の衛士が長弓を高く掲げ、邪悪を断ち、太陽を保護して東

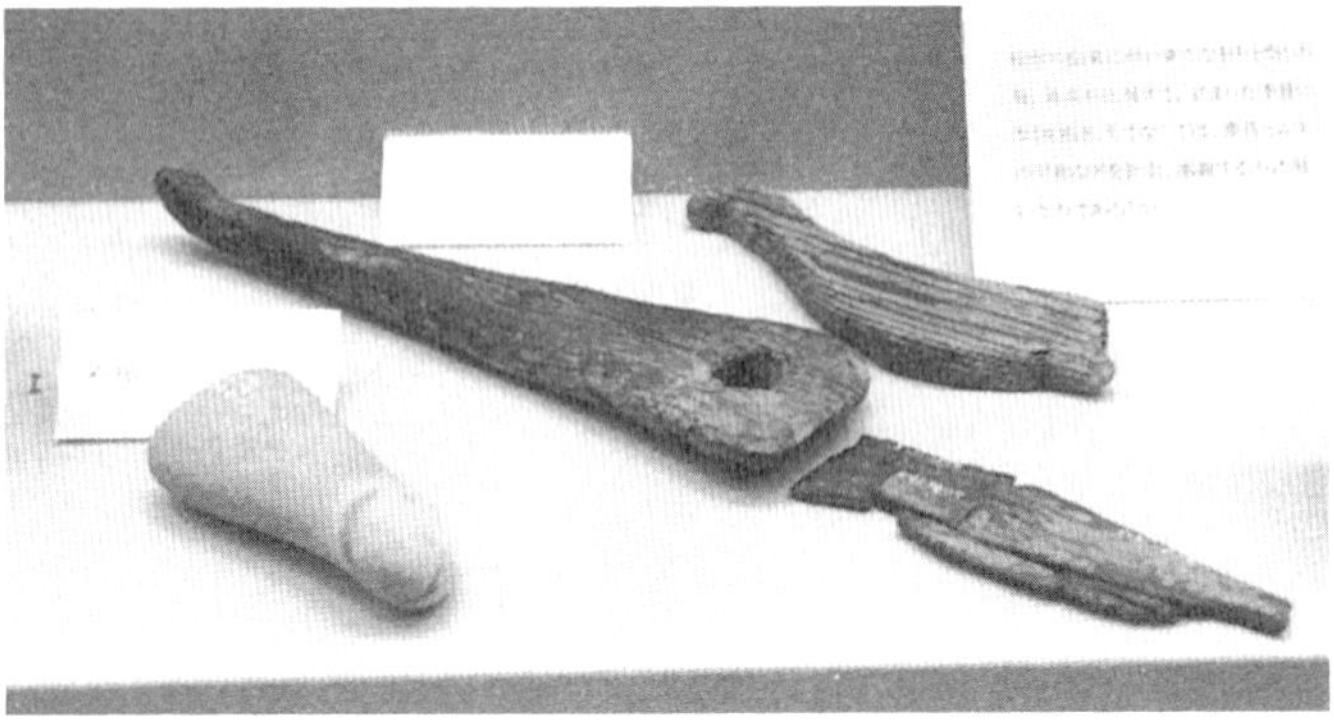

図50　日本最古の鳥形木製品（西川津出土）

君の平安な帰去を祈る祈年の祭りであると考察した。とくに日食の時は、天の狼が太陽を食べるので、銅鼓を叩き矢を太陽に放つなどして天の狼を撃退した。こうした兵器を採り物とする銅鼓の楽舞図は、楚文化と交流のあった地域に波及したと主張した。わが国の福岡県珍敷塚・五郎山・鳥舟塚の各古墳の壁画にも太陽を送る船と武人が描かれている。古墳は死者にことよせて生と死の世界観・宇宙観を表現したもので、一般にいわれるあの世へ送る場面と限るのは片寄った理解である。

楚は長江の中流域から山東半島にまで拡大した稲作立国である。同時に太陽崇拝の著しい国でもある。陶塤の分布が楚の領域とも重なり、鳥霊信仰の厚い楚国の鳥竿《ちょうかん》と、西川津出土の日本最古の弥生前期（前三〇〇年ごろ）の鳥形木製品を結びつけることが可能とすれば、水野正好のいう秦漢風文化に染まったと考えるよりも、秦漢以前、前二二三年に滅亡した楚文化の影響を認める方がより整合性があろう。

掘立柱の謎

田和山遺跡は北西から南東という長軸をもつ小山である。もともとあった小山を、特別な意図にもとづいて造成している。南西側斜面の五本の掘立柱を物見櫓とするのは疑問だ。いちばん高い山頂北側の九本の掘立柱の位置に立つと四方がよく見渡せるのに、わざわざやや下った南西側斜面に物見櫓を立てる必要があるというのだろうか。五本柱も九本柱も中心の一本を意識した建造物と思われる。

日本的霊性としての神を祀る神社の起源はどこにあるのか。わたしは柱にあると思う。人が神を招くには招ぎ代《おしろ》が必要であり、神の側からいえば依り代《よ》がなくてはならない。それが柱である。柱に対して拝殿がある。柱に代わる自然物としては、山なり磐座《いわくら》なりヒモロギ（神籬）があり、柱はそれら自然物を象徴する人工物である。大和の三輪山を神体とする大神《おおみわ》神社は拝殿のみで、本殿がない。

大社造と神明造

本殿をもつ神社形式として最も古いのは出雲の「大社造り《たいしゃづくり》」といわれる。現存する大社造りで、最も古い時代の造営になるのが松江市の神魂《かもす》神社であるが、九本柱の妻《つま》にある棟持柱《むなもちばしら》は二本とも七割も外に出ている。妻とは端の意

図51　お桝小屋（福島県棚倉町）

味で、屋根が三角形に見える側面を妻側といい、水平に見える側を平側《ひらがわ》という。端の切れた切妻の屋根の妻側の屋根は、妻入りの際の雨除けのため妻が飛び出る必要があり、妻の両端を支える棟持柱は、ときに妻から離れて独立棟持柱となる。

　妻入りの大社造りに対して、平入りの神殿とおぼしき弥生中期後半の検出例では、大阪府池上曾根遺跡がある。東西一〇間、南北一間の大型建物の棟持柱が独立している。しかし、その正面に直径二メートルの巨木の刳《く》り抜き井戸があり、井戸に向かって祭事が行われたと考えられることから、屋根が三角に見える妻側ではなく水平に見える平側から入る、伊勢神宮と同じ平入りであろう。平入りは「神明造《しんめいづく》り」といわれ、原型は高床《たかゆか》の倉と考えられている。高床の倉とは穂刈りした稲束を入れる穂倉であり、「神明造り」の起源は穂倉《ほくら》＝祠《ほこら》として出発し「祭殿」となったとする。現在でも、稲穂を桝《ます》に入れて（実際は桝のみとなっているが）高床・平入りの祭殿を四年ごと、集落ごとに送って臨時の「お桝小屋」を建てて祭る御桝明神遷座《せんざ》祭がある。茨城県大子《だいご》町から福島県棚倉町にかけて行われる都々古別《つつこわけ》神社の神事で、都々古別とは初穂（いわば稲魂）を入れた包《つと》っこを別ける意味である。穂倉＝祠説では、伊勢神宮の「心《しん》の御柱《みはしら》」が問題となる。「心の御柱」は正殿の中央床下にありこの柱は、穂倉としては意味をなさない。

大社造りの起源

一方、大社造りは平面が正方形で、田の字形に構成され、九本柱の中央が「心の御柱」で「岩根御柱」ともいわれる。二間《ふたま》×二間の総柱建物で神社建築では異例なものとされている。棟を支える二本の棟持柱に対して中央の「岩根御柱」は棟に達していない。構造材ではないという意味では、伊勢神宮の心の御柱と同様である。同じ「大社造り」でも島根県美保ヶ関の美保神社の場合、伊勢神宮同様床下に「心の御柱」がある。「心の御柱」についてのさらなる追求は次節にゆだね先をいそぐこととする。

出雲大社の起源は『古事記』によると、オオクニヌシとスセリヒメの婚姻により、「宇《う》迦能山《かのやま》」の山裾《やますそ》に、千木《ちぎ》を天高くあげ、宮柱を太く立てて新居としたことによる。したがって夫婦の新居である寝殿が起源とされている。

ところで、柳田国男は、主婦の狭い隠れた寝室・納戸に、稲の種子籾《もみ》をもって神を祀る風は全国に散在するといい、山陰山陽ではその神をトシトコサンまたはお年様というといった。大藤ゆきは、納戸で産をするときワラ束や米俵にわざわざよりかかるのは、人の誕生と稲の産屋とは関連するからだとみた。石塚尊俊は鳥取県関金町では、納戸にトシガミサンを祀り、正月に種子籾俵を置くが、家によっては別棟の倉に祀ると報告している。寝室・納戸が産屋と稲の産屋を兼ねる理由は、稲の穂ばらみは、男女の交接で稲が刺激を受けると考えたことにほかならない。

千木を天空に高くあげた出雲大社は、結婚のための新居であると同時に、納戸に種子籾を祀った穂倉でもあったはずであるとわたしはみる。一般にカミは幽暗なところを好む。納戸の神も暗いところが好きだという伝承がある。加えて、出雲大社が「宇迦能山」の山裾に築かれたという記述も見逃せない。『出雲国風土記』にも出雲郡宇賀郷があり、ウカはウカノミタマ（稲魂）のウカである。

風除けと鳥竿

田和山の九本柱以前の五本柱は、おそらく中心の一本の頂に鳥形木器を留まらせた、稲魂を祀る穂倉であったろう。そして、朝鮮半島の鳥竿が豊穣祈願と災難除け、子孫繁盛を目的としているように、いくつかの機能を兼ねていたのではないか。半島西海岸の百済《くだら》の穀倉地帯・金提平野のソッチェ（石提）里では、鳥竿をジムテといい舟のマストの意である。鳥の向きは西北で、村を舟にたとえ、航行の安全を祈る。東海岸の江陵市ウォルホピョン洞の鳥竿は三羽の鳥をとまらせ、風・水・火の三難を祓うとていずれも西北に向けられている。西北は西・東両海岸ともに災厄がやってくるとされる方位なのである（拙著『稲と鳥と太陽の道』）。〝酉〟のまつりが火難・風難と関係することは東京の鷲《おおとり》神社・お酉さまにもみられる。

図52　西北に向けられた鳥竿（韓国江陵市）

五本柱は南西側斜面でちょうど西北の風を受ける位置にある。西北の風をさける位置の三日月形の加工段の西の隅からは五本柱を見上げる形となる。加工段には火を焚いた形跡があり祭事が行われたのであろう。その祭りは風鎮祭を兼ねており、五本柱の中心の柱は他の四本にぬきん出て頂に鳥をとまらせ、向きは西北を指していたのではないか。

出雲平野の散村の屋敷構えの特色は風除けで、西北の防備を築地《ついじ》松や竹垣でしっかり固めている。出雲大社は高層建築の時代、平安から鎌倉にかけての康平四年（一〇六一）の転倒から嘉禄元年（一二二五）の転倒の間に三回も転倒、ほぼ四〇年に一度の転倒を繰返しているのも、この季節風と無関係とはいえまい。風の神を村内の鎮守に祀る富山県下の「ふかぬ堂」の例もあるが、大和の纏向《まきむく》の穴師《あなし》山はじめ、神山《こうやま》という峰など、山で風の神を祀る例がある。柳田国男は山は多くの場合、雲の宿り、風の水上《みなかみ》であり、海に働く者にも山アテとなる。コヤマという風の名もあり、五十鈴川の河上の峰をコヤマというが神山《こうやま》であろう。これは西風であるが、「神山の風を賜るという思想が」あったかもしれないと柳田はいう。

「延喜式神名帳」に出てくる諸国の穴師神社も風神を祀ったもののようであるし、伊勢の風の宮、竜田の風神祭も古来有名である。長野県では二百十日の風除けに、風切り鎌を屋根の上につけるところがある。稲の収穫に重大な影響を及ぼすためで、風祭《かざまつ》りをトウセンボともいう。諏訪の御柱の薙《なぎ》鎌は、クチバシと目穴がつき、背に羽根状の切り込みがある。御柱年前年に「薙鎌打ち」神事で樹幹に打ち込まれる。大風や台風、雷などの災害から守るためである。『日本書紀』の持統天皇五年（六九一）八月の条によると、竜田風神とならんで、須波《すわ》・水内《みぬち》の神をとくに祀っている。水内は信濃の水内郡をさし、須波はもちろん諏訪である。諏訪の神は風神・水神として古くからあがめられていたのである。

九本柱建物の分布

つぎに田和山の山頂部の九本柱（中期後半）であるが、実は田の字形の九本柱の建物が鳥取県米子市淀江町洞ノ原地区の妻木晩田《むきばんだ》遺跡にもある。こちらは弥生時代後期に属する。田和山が宍道湖《しんじこ》をのぞむ古代出雲世界を見晴らすような場所にあるように、妻木晩田遺跡も日本海を見晴らす標高一〇〇㍍前後の丘陵上にある。そして九本柱の建物は、ムラに先行して築かれた洞ノ原地区の環濠内にあり、環濠は小規模で、内部の竪穴住居は少ない。洞ノ原では小型の四隅突出型の墳墓が二〇ばかり見つかっている。同じ淀江町角田《すみた》遺跡からは有名なシンボルタワー的建物を描いた土器が出土している。

そして興味深いことに、田和山遺跡の九本柱が五本柱同様に、南面して建てられずに二〇度ほど東に振れており、妻木晩田の九本柱の建物も一〇度ほど東に振れていることである。さらに、四世紀の古墳時代前期、鳥取県羽合《はわい》町の長瀬高浜遺跡の神殿らしき建物も二〇度東に振れており、八〜九世紀とされる島根県斐川《ひかわ》町の杉沢Ⅲ遺跡の九本柱の建物も真南ではなく東に二〇度ふれている。つまり、すべての神殿が戌亥《いぬい》と辰巳《たつみ》の長軸に沿っているということである。また、長瀬高浜を除いて、すべて二間×二間という九本柱・田の字型の総柱構造で、これは出雲大社の本殿・大社造りと共通する形式である。

戌亥の隅から

戌亥と辰巳の長軸について、さらにいえば、『出雲国風土記』（大原郡神原《かむはら》の郷《さと》）がいう「大神《おほかみ》の御財《みたから》積み置き給ひし処《ところ》」に相当と思われる財宝が発掘され、現場が戌亥の隅だったことである。弥生時代後期になると、出雲市西谷墳墓群や安来市の仲仙寺墳墓群など、大型の四隅突出型の墳丘墓が造られ、こうした時代の変革期に、俄《にわか》に青銅器が埋納されたらしい。弥生時代中期の遺物を中心とする加茂岩倉遺跡と神庭《かんば》荒神谷遺跡は、神原の郷の北西端部にあり、大神・大穴持命《おおあなむち》の神宝を連想させる大量の銅鐸・銅剣・銅矛が埋納されていた。ともに狭い谷奥の丘陵東南斜面に北西に向けて埋められていた。北西という方位について注意をはらった考古学者はいないが、わたしには驚嘆に価する。神庭荒神谷は、加茂岩倉から北西の方向に一山越えて三・四キロ離れた所にあり、神庭荒神も加茂岩倉も神祭りに関係する地名であること、荒神谷の銅剣と岩倉銅鐸に×印があること、荒神谷銅剣や岩倉銅鐸に水銀朱という赤色顔料が付着したものがあることなどの祭祀儀礼にかかわると思える共通点がある。また加茂岩倉遺跡の東南一・八キロぐらいのところに、邪馬台国の女王卑弥呼が魏からもらった鏡ともいわれる、景初三年（二三九）銘の鏡が出た神原《かむはら》神社（『風土記』の神原の社）古墳がある。この前期古墳の石室もまた北西〜東南軸の方位に築かれている。

山陰では年代的に最も古い弥生時代後期の四隅突出型墳墓は洞ノ原のものである。このような墳墓が二世紀の後半ぐらいから急速に巨大化する。洞ノ原が一辺二～三メートル、出雲市西谷三号墓、四号墓、九号墓になると一辺が六〇メートルぐらいある。大和岩雄は四隅突出部を対角線で結ばれる突出部の方位が、東南東（冬至の日の出方位）と西北西（夏至の日没方位）である例が最も多いといっている（『神々の考古学』）。

太陽信仰と方位

中国江南の太陽信仰の方位感覚は、江南の真東重視から北上するにつれて南に片寄り、東南方位重視に変わる。それは緯度が北へ向かうほど陽光が弱まることと関係するのである。一般に、日本民俗学では民俗の古層に、霜月祭りや冬至の祭りを置き、年中行事最大の山場とし、衰弱した太陽の復活と人間の魂の復活を儀礼として結びつける。しかし、冬至祭天が中国で実際に行われるようになったのは、魏の時代である。確かに『周礼《しゅらい》』司徒《しと》には土圭《とけい》（日影を測る標準器で、長さ一尺五寸）で、冬至・夏至の日に日影を測るとあり、『後漢書《ごかんじょ》』礼儀志には冬至の日の風習として日影を測ると記されているが、それは祭りとはいえない。さらに江南の稲作民の風習としては、過去も現在も冬至の祭りはなく、春分・秋分中心の春社・秋社しかない。日本の稲作の淵源《えんげん》が江南にあるからには、春秋の儀礼こそ古層の民俗と考えるのが自然であろう。

中心の柱と神社

巨木文化の成立

これまで、神が来臨する依《よ》り代《しろ》の代表として、イワクラ（磐座）とヒモロギ（神籬）があげられてきた。神はきわめて堅固な岩とか、冬なお枯れぬ常磐木《ときわぎ》に宿ると考えられている。ご神体である「神座」が山上のイワクラであったり、ヒモロギとしての樹木や森であるのはそのことを示している。

イワクラやヒモロギといった発想は、神の来臨する対象が純然たる自然物にあり、それは万物有霊のアニミズムに出発点があるとする考え方である。しかし、近年、縄文文化の研究が進むにつれ、たとえば、日本海岸側にとくに発掘例の顕著な巨木文化が示すような柱立ては、単純にアニミズムとばかりはいえず、明らかに人工的記念物として何らかの世界観をあらわすとも考えられるようになってきた。縄文の巨木はムラの中央広場に建てられ、数世代をかけた時間と絶大な労力が費やされたもので、ムラの人びとの精神的支柱となり、ムラの人びとのアイデンティティを高らかにうたいあげたものにほかならない。

柱と塔の世界観

日本の神社の起源は、本殿に当たるものはなく、大和の大神神社のように三輪山をご神体として拝殿のみが建物として先に成立したといわれてきた。しかし、これとて実年代を先行する出雲の田和山遺跡や北九州の吉野ヶ里遺跡をみると、事はそう簡単ではない。むしろ、縄文中期までを考察の射程に入れ、比較の輪を東アジアに広げて、「はじめに柱ありき」という神話の思想に重なる起源を考えた方がより実質的である。

宗教思想の中心に柱を置くのは、仏教の伽藍配置をみても明白だ。最近見た「飛鳥・藤原京展」の藤原京の復元模型（縦六一七㌢、横五四五㌢、橿原教育委員会）の中の各初期仏教寺院（久米寺、飛鳥寺、山田寺ほか）の多くが、いずれも一基の塔を中心にした見事な伽藍配置であったのには驚いた。塔は、もともと仏舎利（釈迦の骨）を安置する所でインドのストゥーパ（墳墓）に起源を置く。ストゥーパには仏伝が描かれ、はじめ仏は聖樹と根方の竜と台座だけで象徴された（前一世紀マトゥラーほか）。多層の塔の場合でも、はじめ露盤に仏舎利を納めていたが、後に心柱の心礎に収納するようになったという。日本神話では、イザナギとイザナミが漂える国を固めてオノゴロ島をつくり、島に「天の御柱を見立て」た柱を立て、柱をめぐり、「みとのまぐはひ」の後、つぎつぎに島や国を生んだという。いわゆる天地創世神話で、天地ははじめ混沌としており、柱を立てることではじめて秩序が整い、この世界は生成されたとするのである。

東アジアの視野からみて、「柱とは何か」を考察してみると、

①神話的時間と、混沌から秩序を生み出すはじまりの時間に戻す

②空間を、大地のヘソに集約させ〝中心のシンボリズム〟となす

③天を支え、柱を通して天と地を円環させ、世界を周期的に更新させる

の三点にほぼ要約できる。神話世界では、死んだ時間をよみがえらせるために柱を立てたが、この意味からも柱立ては本来正月に行われるべきで、柱立てこそ、天地創世に欠かせない立役者なのである。古代においては、あるいは年中行事など伝承的な民俗感覚では、年の暮に時間は死んで、正月によみがえった。歴史的時間は、個性的一回的で直線的。しかし、民俗的時間は円環し、くりかえす、非個性的なものであることを忘れてはなるまい。

御柱祭と岩根

現在でも行われている巨木を立てる柱立ての祭りとして有名なのは諏訪の御柱《おんばしら》である。諏訪の御柱ほど、猛々《たけだけ》しく、始原の世界を実感させる祭りはない。しかし、なんであんなことをやるのかとなると、いろいろな説があって、さっぱりわからない。

諏訪大社は、諏訪湖を隔てて、上社と下社に分かれ、上社は本宮《ほんみや》と前宮《まえみや》に、下社は春宮と秋宮に分かれている。四社ともに、社殿の四隅に巨木が立っており、この巨木が御柱といわれ、寅年と申年の六年ごとに、新しいものに立て替えられる。この、四社合わせて一六本の柱立てが、諏訪盆地最大の祭り、御柱である。

一方、最近、新しく「岩根御柱」の発掘で話題の出雲大社ではどうか。本殿は九本柱であるが、中心の一本が岩根御柱とよばれるもので、民家でいえば家の中心の大黒柱のようなもので、「心《しん》の御柱《みはしら》」ともよばれる。諏訪大社の場合、上社前宮が四社の中心をなす儀礼を多くかかえているが、前宮では御霊石《ごれいせき》とよばれる岩の上に建っている。これが出雲大社の「岩根」にあたる。ただし、諏訪では御霊石の上にあるのは拝殿にあたる建物で本殿ではない。そのうえ、柱は四隅に立っているばかりで、中心に柱はない。

つぎに〃中心の柱〃で重要視されてきたものに、伊勢神宮の〃心の御柱〃がある。伊勢神宮では二〇年に一度遷宮が行われ、このとき心の御柱も立て替えられる。心の御柱は、実は内宮のご神体である八咫鏡《やたのかがみ》を真下で支える柱として、床下にある地上三尺ほどの柱である。八咫鏡は太陽を象徴する天照大神そのものであり、床下の心の御柱は、天照大神の「御杖」であるところから「御杖柱《みつえばしら》」ともいわれる。さて、この御杖に代わるのが「御杖代《みつえしろ》」といわれる斎王《さいおう》である。斎王は天皇の代替わりごとに、未婚の皇女の中から定められた。斎王は神がかりをし、神託を下す巫女の性格をもっていた。天照大神は、御杖である柱ばかりでなく、柱の代わりとなる人にも憑《よ》りつくわけである。

御杖柱と御杖代

伊勢神宮の「御杖代」・斎王にあたるものを、出雲大社では「国造《こくそう》」といい、また、ここでも「御杖代」ともよばれた。斎王に天照大神が憑り着くように、出雲では大社の祭神・大国主が「御杖代」に憑りつく。国造は、大国主神自身として神饌《しんせん》をうける。

出雲国造は、大和朝廷の勢力の拡大を背景として、大和の戌亥（西北）の方角、つまり日が沈む「日隅宮《ヒスミノミヤ》」として、杵築《きずき》地方に杵築大社《きずきの》（出雲大社）を造り、祭祀権《さいしけん》を手に入れた。戌亥の方角は、神や祖霊、また太陽霊の去来する方角にあたっている。

このように、伊勢と出雲で共通してみられることは、柱、つまり中心の柱に神が宿るだけでなく、その柱の代役ともなる巫女的な司祭者にも神が宿るということである。柱は神の依り代であり、巫女は神の憑り坐し、つまりシャーマンである。

酉の祭の御杖柱

さて、話を諏訪に戻すと、諏訪大社に中心の柱はないといったが、出雲・伊勢に共通した「御杖柱」と「御杖代」はあるのである。この御杖柱の江戸時代の記録によると、「御贄柱《おんにえ》」とも「おん年《ねん》ばしら」ともいい、毎年三月の前宮・酉《とり》の祭りに登場する。現在の酉の祭りは四月十五日（かつては旧三月酉の日）に前宮から戌亥の方角にある本宮から御輿と御杖柱を中心とした行列が出て、前宮の十間廊《じっけんろう》内で簡単な奉献行事が行われるにとどまっている。

図53　酉の祭の御杖柱（諏訪大社前宮）

酉の祭りは、諏訪に年間七五回もある祭事のうち最大の祭りである。人びとは六年ごとの御柱の規模に目を奪われて、この祭りの重要性を見落としている。祭りの本質は、一年ごとの時間の更新、太陽の死と再生の周期性にある。一年ごとの質朴な神事を、ある期間を置いた大祭で増幅させ、きらびやかさを競わせるのも必要なことであったろう。

御贄柱とは、神に動物の贄《にえ》をささげる柱の意であり、年柱《ねんばしら》とは年ごとに年頭に立てる柱、たとえば正月の門松や小正月の年木《としぎ》のことである。後に述べる道祖神柱も含まれる。

この酉の祭りで、注目すべきは、鹿の贄がささげられる小振りの「御杖柱」で、ここに諏訪明神以前の土着の神・ミシャグジが憑りつく。かつて酉の祭りは、「大祝《おおほうり》」が司祭した。大祝は出雲国造にあたり、諏訪の領土権と祭祀権を保持していたかつての土豪である。中世の記録では、大祝に諏訪明神が降りて、託宣を下したという。

大祝は代理として神使《おこう》とよぶ神の使を六人選ぶ。六人は諏訪の神領内から出されている。その選出は、大晦日の夜から元旦にかけての神事で行われる。この神使は、御杖柱を背負い、馬に乗って神領を廻り、それぞれの地区で神を降ろした。大祝も神使も、御杖代として御杖柱の代りでもある。伊勢の斎王も天照大神の御杖代として各地を巡幸したが、神使も諏訪明神以前の土着の神・ミシャグジの憑り坐《よりま》しとして、諏訪の信仰圏を巡っていた。

そして、伊勢神宮の心の御柱の儀礼の母胎となった儀礼が、毎年行われていたという。

『皇太宮儀式帳』によると、それは内宮と外宮の木迎え儀礼で、この木を御歳木《みとしぎ》というと(小島瓔禮『太陽と稲の神殿』)。つまり、諏訪の「年ばしら」である。御歳木というと、民俗学では新年を祝う木のことで、新しい歳の燃料である薪木、祝い棒、餅花、若木、御竈《みかま》木《ぎ》、節木《せちぎ》など、さまざまある。長野県ではオニギ・ニュウギなどという。

ミシャグジと道祖神

長野県下の民俗事例として、正月に集中する柱立ての代表は、道祖神柱である。酉の祭りのミシャグジ神は、中部山岳地帯を中心に関東に広がる道祖神と関連する神で、ミシャグジとは道祖神とみてほぼ間違いない。ミシャグジが道祖神にほかならないとしたら、ミシャグジが降り立つ御杖柱の前身は、道祖神柱と考えざるを得ない。

道祖神はムラでいちばん古い神様で、ムラの先祖神であるとか、夫婦神で先祖であるとかの伝承が多くあり、文化の起源にかかわる始祖神であることが確かめられている。そこで注目されるのが、信濃のまん中・中信地方に分布する「オンバシラ」とか「オンベ」とよばれる道祖神柱である。隣接する山梨県の道祖神祭りでは、これを「神木立て」「ヤマ立て」といい、御神木には割竹を垂《しだ》れ柳のように垂らして御幣《ごへい》をつけた型が多い。

長野県南安曇郡三郷《みさと》村一日市場でみた「オンバシラ」には、頂《いただき》に日月が表裏をなして輝

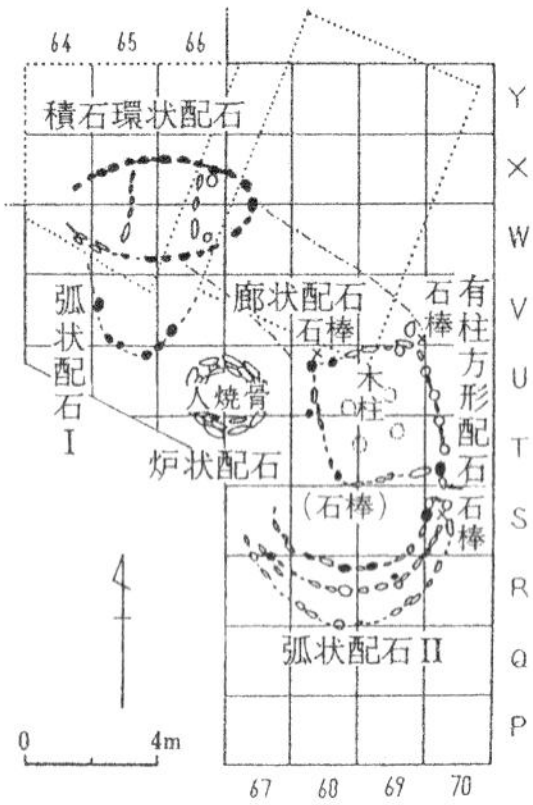

図55　寺地遺跡の配石遺構概念図（寺村光晴『日本の翡翠』1995年所収）

図54　オンバシラ（長野県三郷村）

き、途中に杉の葉の陰毛をつけた巨根が下っている。根方には双体道祖神像があるのが一般である。道祖神は単なる防塞《ぼうさい》神ではなく、ムラ立ての始祖神としての伝承とともに、子孫繁栄や生殖と結びつく。また、日月を頂くことで天体の順調な運行と四季の平穏を祈念するものなのである。

「オンバシラ」は、先に触れた縄文晩期の新潟県寺地遺跡の巨木を思わせる。四本の巨木（直径六〇センチ前後）が約一・五メートル四方に立ち、これを垣状に方形に積石《つみいし》し、その四隅には立石を置き、しかも三隅（寺村光晴は一隅を欠くのは後に攪乱したためかという）に男根状の石棒を配置している。また女陰石と思える有孔石や土製のそれも共に出土している。

つまり、御柱の謎は、柱を立てる立柱祭の意図を知ることで解ける。それは結局、東アジアの近隣諸民族の立柱祭の意図に等しく、先に掲げた「柱とは何か」の三つの要約にたどりつく。柱は古代人および伝承的思考の人びとにとっての世界観そのものであり、本来見えざる神の具象化の先駆けなのである。柱は神、始祖神など、天地の始まりの〝時間〟を演出し、〝文化の起源〟に立ち会う。柱を中心に日本的霊性＝神がここに誕生するのである。

死者と生者の世界――エピローグ

夢幻能は、死んだ人間が死の世界から現世にむかって語りかけるという様式である。西欧の考えでは、この世とあの世は、歴史的な時間の経過の結果として完全に分離している。C・ヘンツェによると、「純然たる史的な思想を持つ社会には祖先崇拝は見られない」という（『霊の住処《すみか》としての家』）。絶対年代を尊ぶ「歴史」は二度と同じことは繰り返さないが、祖先崇拝の社会では、あの世へ送り込まれた魂が再生する。この世とあの世が断絶なしに互いに移行する社会では、二つの世界、生者の世界と死者の世界は相互依存関係にあり、間に擬似他界あるいは異界をはさみ互いに交換し合う性質をもっている。

この世とあの世

対応し接続する世界

日本文化の淵源が中国にあることは否めない。伝承、習俗、あの世観などの相似。少なくとも、日本民俗の解明に西欧の理論を借用するよりも、東アジアとの比較が役に立つ。白褲《バイクー》ヤオの葬儀は、刈り入れ後に行われ、それは生産暦でいう正月なのだ。葬儀には巫師《ふ》が死者のあの世へ往く道を語るだけでなく、天地創成の叙事歌をうたう。新年は天地が創造された秩序の始源であるという形をとる。葬式の夜、盛大な歌垣があり、未婚の男女が愛をちぎり、正月には結婚式もあって、これはすべての事の終わりと始まりで、民族のアイデンティティーの再確認の機会なのである。記紀の底に流れ、その成立を支えたものも、やはり死骸を目前において感じた死者への哭《こく》辞《じ》（泣き悲しんで述べる別れの言葉）、哭辞の中で系譜的伝承を印象づける祖と孫という血族の意識ではなかったか。

白褲ヤオは葬儀に、銅鼓《どうこ》を叩く。刈り入れ後の稲をかけるハゼを用いて銅鼓を二、三十個つるし、数ヵ所に稲穂をかける。銅鼓奏打の指揮的役割を果たすのは木鼓であり、木鼓の周囲で踊る人たちは、始祖神であるサルの仕草をまねる。まず木鼓の第一声で始祖の霊を呼び、銅鼓の打音のリズムは、七回、七回の反復で、前半の七回は死者をあの世へ送る時の七つの関所を示し、後半の七回は葬儀に参加したものたちが七度の災難を逃れることを意味する。死者への供養がそのまま生者の幸いをもたらすものであることを示している。銅鼓の奏打のあと牛を殺す。その前に、死者の子供たちが、それぞれ左手に稲穂を一本、右手に竹杖をもち、笠を背に、頭をたれ、腰を曲げ、泣きながら会場に入り、手にした稲穂を水牛に喰《は》ませ水牛に向かって跪《ひざまず》く。杖に稲穂をかけるところもある。稲穂は死者があの世で食べるためのものといい、杖は生命そのものを意味し、墓の手前でこの杖を捨てるのは生命がつきたことをあらわす。竹杖の葬列は牛をめぐるが、この折、馬鍬《まぐわ》を引きずった水牛を鞭《むち》で追いたて田を鋤《す》かせる場面を象徴して、円形の葬列の中に馬鍬を背負った者が加わったり、大きな馬鍬を地面に置くことがある。死者があの世で、この世同様に何不自由なく生活できるための仕事がつづけられるようにと願ってのことである。

循環する世界

岩田慶治は東南アジアの民族の一生について「人は現世と他界の波打ち際に生きている」と表現したが、東アジアも同じことである。日本人の一生も、通過儀礼や祭り、年中行事を通して、死と再生を反復するものである。日本の民俗文化の構造の根幹に「ハレ」と「ケ」の二つの要素があり、桜井徳太郎は、人が生きることはケ（日常態）を維持することが基本と考え、ケを維持するエネルギーの減退・衰退がケが枯（離）れるケガレ状況をまねく、ケガレをケに回復するための儀礼がハレであるとした。『岩波古語辞典』でも、「穢れ」はケ〈褻〉カレ〈離〉の複合か、とし、「霽《は》れ」は褻の対で、ふだんとちがうことが「晴れ」であり、ハラシで、ふさがって障害となるものが無くなって消えることであるという。また、「祓《はら》へ」のハラはハラシ（晴）のハラと同根で、へはアヘ（合）の約。自己の犯した罪過や、受けた穢《ケガレ》・災《ワザワイ》を無くすために、事の度合に応じて、相手や神に物を差し出して、罪過穢災をすっかり捨て去る意とある。ケ↓ケガレ↓ハラへ↓ハレが連続する行為であることは明らかであろう。

ケガレをケに回復させる手段としてのハレは、コモリの期間の最終段階に神が出現して起る状況と考えられるため、わたしはケ↓ケガレ↓ハラへ↓コモリ↓ハレの循環ととらえる方がわかりやすいのではないかと思う。コモリは白山《しらやま》であり、擬似他界である。この空間にこもることは、一時的な仮死状態を意味する。ケを再生させるための異次元の死の空間がコモリであり、コモリなくしてハレもない。ハレの祭りで重要なのは神と人との共食である。

ケというのは普段着を褻着《けぎ》というようにごくふつうの日常を指し、ハレは晴れ着というように晴れやかで非日常的、あるいは公的な状態を示す言葉である。桜井はケを農耕文化の表象ととらえて、アサケ・ヒルケ・ユウケ、あるいはケシネ（米飯）のケと同じく、作

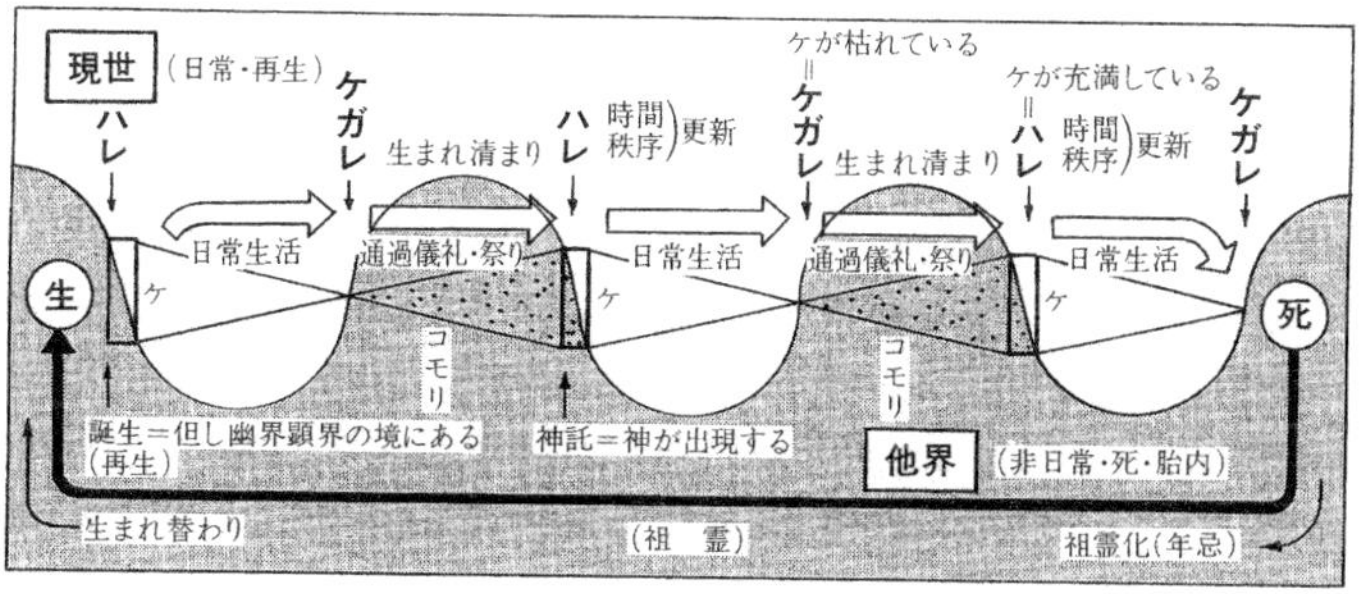

図56　日本人の“死と再生”

物や食物と関係する言葉だとしている。ケが枯れる状態をあらわす民俗語彙（方言）にケカツ、ケカチがあるが、具体的にはそれは飢饉をあらわしている。ケガレは、ケ枯レで、稲作の過程では稲の枯死を意味する。そこで稲魂《いなだま》の継承をはからねばならない。稲魂はコモリの空間で再生する。同じように、ケガレはケ離れで、魂が肉体から遊離しやすい状態を意味する。魂鎮めの儀礼をしてコモリの空間を通過しなければ、ケを再び強化し安定させることはできない。コモリの空間は仮死状態の空間であり、祭りや通過儀礼はこの擬似他界をくぐりぬけることで再び生まれ清まりを果たすことができる。以上、日本人の〝死と再生〟を図示すれば、図56のようになる。

ヨミガエリの生死観

わたしは先に『神樹』を著し、少なくとも東アジアにおける古代人の思想は、宇宙樹を中心としていたことを記した。世界は混

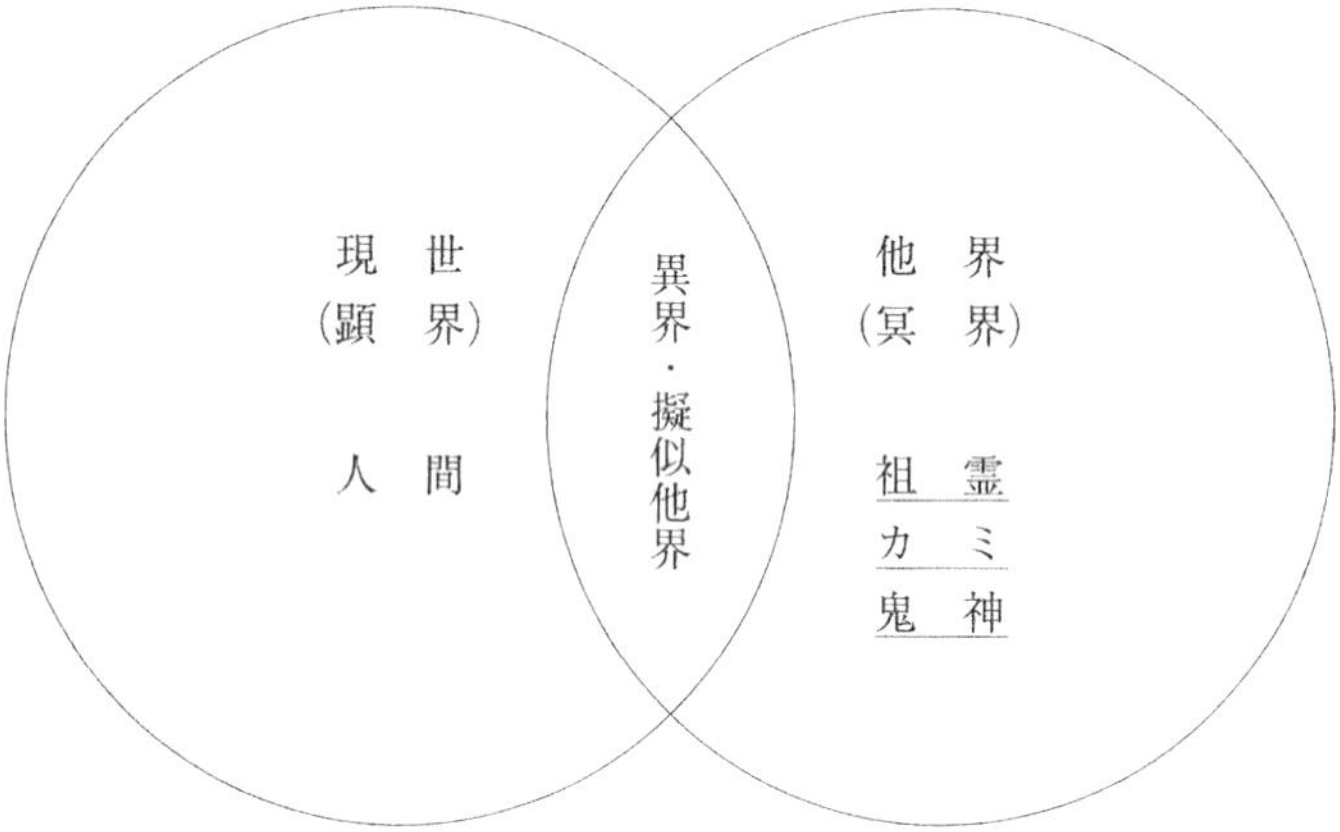

図57　あの世とこの世と異界　居住〈空間・時間〉の住み分け図

沌から秩序へと宇宙樹により更新され、宇宙樹を循環する太陽が決定的役割を果たしたとした。考えてみれば自然界は太陽や月に限らず圧倒的に循環型である。ケガレた世界も自然の浄化作用が働いて、はじめて清浄が保たれる。神々の去来も、地球の循環作用に無意識のうちに負うている。古代人はつぶさに自然を観察し、自ずと循環の思想を体得していた。

　さらに、人間のタマシイの本地は冥界にあり、そこは弔《とむら》い上げで鎮まった霊魂・祖霊または鬼神の住むところである。夭折した異常死者は、ヨミガエリの円環からはずれ、鬼（悪鬼）となって冥《めい》・顕《けん》の境界、つまり他界と現世の境界をさまよう。他界は来世として時間の観念に属するが、空間的には死霊の居住空間でもある。つまり仏教以前の他界・あの世は天寿を全《まっと》うした正常死者の理想郷であり、異常死者である餓鬼・悪鬼や、妖怪・モノノケ・化け物などの異人・異類の居住をこばむ。異界・異郷はあくまでこの世のはずれの擬似他界にとどめ、全き他界とは区別すべきであろう。あの世とこの世と異界のそれぞれの住み分けを図示すれば図57となる。

西欧で人間の対極に悪魔をもってくるように、東アジアで鬼を人間の対極に置くことはできない。水と氷のようなもので、人間を離れて鬼はなく、鬼を離れて人間もいない。「鬼神」といういいまわしなども、絶妙な味があり、西欧的な分析概念ではとらえにくい。

仏教は地獄と極楽を振り分け、鬼は地獄の獄卒とした。にもかかわらず、日本の鬼は極楽という他界からやって来る。平安時代の『倭名類聚抄《わみょうるいじゅしょう》』では「鬼は物に隠れて顕《あら》はることを欲せざるゆゑに、俗に呼びて〈穏〉と云ふなり」といった。古代では死ぬことを「身失《う》せぬ」「身まかる」とか「隠れる」といい、他界に隠れた死者が鬼であった。『岩波古語辞典』でも、オニは「隠」の古い字音onに、母音iを添えた語とし、「鬼、和名於爾《おに》、或説云、穏守、音於爾訛也、陰陽道における獄卒鬼、邪悪の像が強く影響していると思われる」と解説している。鬼を一方的に悪鬼とするのは後の変化である。

人間が「隠れる」と、鬼になる。鬼が鎮まると鬼神になる。神と鬼、善と悪、聖と俗、差別と平等……、物事を対立した概念でとらえる思考方式は、一見論理的でわかりやすいがウソがある。両者の間に、せいぜい「両義性」といった言葉をはさみ込んで穴埋めをしようと図るが限界がある。たとえば、老若男女、それぞれの力に応じて仕事を与えるとする。差別がそのまま平等であり、平等がそのまま差別ではないか。

あとがき

編集部から「境の民俗について何かお書きいただけませんか」といわれ、「境界領域といえば〝鬼〟についての処遇にかねてより不満をもっているので、鬼の復権を果たしてみたい」とご返事をしたところ、ご快諾いただき、こうして執筆の機会を得た。感謝にたえない。

日本文化の多様性・重層性は特筆に値する。それを根元的なところで支えつづけたものは、万物有霊のアニミズムと霊魂を操ること自在のシャーマニズムである。国宝「信貴山《しぎさん》縁起絵巻」（十二世紀）では、剣の護法童子《ごほうどうじ》が風を切って天空より飛来、米俵（稲魂《いなだま》）はあれよあれよと空に舞う。こうした〝変幻自在な文化〟の中から、鬼も生まれている。

実在しない鬼は、人間が創り出したものとして、〝鬼〟に投影されている姿を究めることは人間研究に結びつく面白さがある。〝歴史〟や〝民俗〟も、むろん〝鬼〟に投影されている。それにしても〝鬼〟をとりまく思潮はさまざまである。とはいえ、他界の鬼をまるごと疎外するかのような風潮に対しては、抗《あらが》わざるを得なかったのである。

一方、芸能は芸態あってこその芸能である。芸能は水に描いた絵にも等しい。文献でこれを捕捉しがたい。幸い、今日に伝えられた寺社の芸能の中には、消えた芸態の復元に力を貸してくれるものもある。これらを中世の能の成立を考える資料に本書では加えた。

本書がなるに当って、先学から多くを学んだ。また、直接資料をご提供いただいた渡辺伸夫氏、さらに出雲市、松江市、長井市、青森市の各シンポジウムの関係者の方々に心からお礼を申し上げたい。

二〇〇三年十月

萩原秀三郎

著者紹介

一九三三年、東京都に生まれる
一九五七年、東京教育大学日本史学科卒業
現在、国際日本文化研究センター共同研究員
　民俗芸能学会評議員

主要著書
神がかり　稲を伝えた民族　日本人の原郷
目で見る民俗神（三巻）　稲と鳥と太陽の道
神樹　古能（共著）　民間の古面（共著）

歴史文化ライブラリー
172

鬼の復権

二〇〇四年（平成十六）二月一日　第一刷発行

著　者　萩《はぎ》原《わら》秀《ひで》三《さぶ》郎《ろう》

発行者　林　英　男

発行所　株式会社 吉川弘文館
東京都文京区本郷七丁目二番八号
郵便番号一一三―〇〇三三
電話〇三―三八一三―九一五一〈代表〉
振替口座〇〇一〇〇―五―二四四
http://www.yoshikawa-k.co.jp/

印刷＝株式会社 平文社
製本＝ナショナル製本協同組合
装幀＝山崎　登

歴史文化ライブラリー

1996.10

刊行のことば

現今の日本および国際社会は、さまざまな面で大変動の時代を迎えておりますが、近づきつつある二十一世紀は人類史の到達点として、物質的な繁栄のみならず文化や自然・社会環境を謳歌できる平和な社会でなければなりません。しかしながら高度成長・技術革新にともなう急激な変貌は「自己本位な刹那主義」の風潮を生みだし、先人が築いてきた歴史や文化に学ぶ余裕もなく、いまだ明るい人類の将来が展望できていないようにも見えます。このような状況を踏まえ、よりよい二十一世紀社会を築くために、人類誕生から現在に至る「人類の遺産・教訓」としてのあらゆる分野の歴史と文化を「歴史文化ライブラリー」として刊行することといたしました。

小社は、安政四年（一八五七）の創業以来、一貫して歴史学を中心とした専門出版社として書籍を刊行しつづけてまいりました。その経験を生かし、学問成果にもとづいた本叢書を刊行し社会的要請に応えて行きたいと考えております。

現代は、マスメディアが発達した高度情報化社会といわれますが、私どもはあくまでも活字を主体とした出版こそ、ものの本質を考える基礎と信じ、本叢書をとおして社会に訴えてまいりたいと思います。これから生まれでる一冊一冊が、それぞれの読者を知的冒険の旅へと誘い、希望に満ちた人類の未来を構築する糧となれば幸いです。

吉川弘文館

〈オンデマンド版〉
鬼の復権

On Demand
歴史文化ライブラリー
172

2018年（平成30）10月1日　発行

著　者　萩《はぎ》原《わら》秀《ひで》三《さぶ》郎《ろう》
発行者　吉　川　道　郎
発行所　株式会社　吉川弘文館
〒113-0033　東京都文京区本郷7丁目2番8号
TEL　03-3813-9151〈代表〉
URL　http://www.yoshikawa-k.co.jp/

印刷・製本　大日本印刷株式会社
装　幀　清水良洋・宮崎萌美

萩原秀三郎（1933～2017）

ISBN978-4-642-75572-6